수정판

FTA 경제학

수정판

FTA 경제학

손병해

경북대학교출판부

손병해(孫炳海, Byeong-hae, Sohn)

1982 프랑스 Paris2 대학 대학원 유럽경제전공, DEA 취득
1984 프랑스 Paris2 대학 대학원 경제학 박사
1991~1992 대외경제정책연구원(KIEP) 초청연구위원
1998~1999 캐나다 몬트리올(University of Montreal) 대학 객원교수
1992, 1999/2000학년도 Paris2 대학 경제학부 강의 초빙교수(Maitre de conférence invité)
2002~2003 경북대학교 경상대학장 겸 경영대학원장
2005~2006 한국 EU학회 회장(President of ECSA Korea)
2006. 12.~2007. 12. 한국국제경제학회 회장
1978~2014. 8. 경북대학교 경상대학 경제통상학부 교수
2014. 9.~현재 대구가톨릭대학교 석좌교수

[주요 저서]
경제통합론, 법문사, 서울, 1989
유교문화와 동아시아 경제, 경북대학교출판부, 2006(편저)
국제경제통합론, 시그마프레스, 2011 외 다수

[주요 논문]
"Regionalization of Trade and Investment in East Asia and Prospects for Further Regional Integration", *Journal of the Asia Pacific economy*, 7-2, 2002
"Toward a New regionalism in East Asia", *Journal of Economic Integration*, Vol.19, No. 2, 2004
「文化的 共通性의 開發에 의한 東北아시아 共同體의 摸索」, 『世界經濟評論』, 東京, Vol.52, No.1, 2008(日語版)
「문화적 공통성을 통해서 본 한·중·일 경제통합의 의의」, 『國際經濟研究』, 18-4, 2012 외 다수

FTA 경제학 [수정판]

초판 1쇄 2013년 6월 14일 | **초판 3쇄** 2017년 4월 20일
지은이 손병해 | **펴낸이** 김상동 | **펴낸 곳** 경북대학교출판부
출판등록 1973년 10월 10일 ㉣97호 | **주소** 대구광역시 북구 대학로 80
전화 053-950-6741 ~ 3 | **팩스** 053-953-4692
이메일 press@knu.ac.kr | **홈페이지** http://knupress.com

ISBN 978-89-7180-370-7 93320

값은 표지 뒷면에 있습니다.
파본은 바꾸어 드립니다.

서문

2000년대 들어 자유무역협정(FTA: Free Trade Agreement)을 중심으로 하는 통상정책을 적극적으로 추진해 온 결과, 한국은 2012년 현재 47개국을 포괄하는 10건의 FTA를 체결하였다. 그리고 작년부터는 한·중·일 FTA 협상을 시작하였으며, 대양주, 중남미 국가들과도 FTA를 추진하고 있다. 이러한 FTA가 모두 체결되면 수년 내에 우리나라 총 무역의 85% 이상이 FTA 협정의 영향을 받게 될 전망이다.

따라서 향후 한국의 무역정책이나 기업의 수출입 전략은 국가간에 체결되는 FTA 동향과 그 파급효과, 또 우리가 체결하고 있는 FTA 협정의 특성에 따라 새로이 수립하지 않으면 아니 될 것으로 보인다. 특히 수출입 기업의 입장에서는 FTA 원산지 관리 요령과 방법을 터득하지 않으면 FTA 특혜관세혜택을 받을 수 없을 뿐 아니라 원산지 관리 비용만 증가하는 부작용이 생겨날 수 있다. 이에 따라 정부에서도 기업의 FTA 활용도를 높이기 위한 지원정책의 일환으로 대학 및 대학원에서 FTA 특성화 교육 프로그램을 시행하고 있다. 2012년 말 경북대학교를 위시한 국내 7개 대학이 이 프로그램 시행을 위한 지역 거점 대학원으로 지정된 바 있으며, 약 30개에 이르는 대학이 정부의 지원을 받아 FTA 전문인력 양성 목적의 특별 강좌를 개설하여 운영하고 있다. 본 서는 이러한 FTA 전공 교육 프로그램에 의한 교육 및 그에 필요한 교재개발 사업의 일환으로 기획되었다. 우리나라의 경우

FTA 체결 건수는 짧은 기간에 많은 성과를 보여 왔으나 FTA에 대한 이론적·경험적 지식 정보는 아직 널리 보급되어 있지 못한 실정이다. 이에 따라 본 서는 FTA에 대한 이론적·실제적 지식정보를 체계적으로 정리하여 국내 FTA 특성화 대학원 교육뿐 아니라 일반 대학 및 수출입 담당자의 업무교육 자료로도 널리 활용될 수 있도록 집필되었다.

본 서는 총 4개의 장으로 구성되어 있으며, 장별 주요 내용은 다음과 같다.

제1장은 최근 국제무역질서의 양대 축으로 구분되는 지역주의와 다자주의 문제를 다루고 있다. 여기에는 지역주의와 다자주의의 양립 문제를 비롯하여 FTA를 중심으로 확산되고 있는 지역주의의 배경과 그 경제적 의의를 설명하고 있다.

제2장은 FTA의 경제이론을 소개하고 있다. 여기서는 경제통합의 의의 및 형태와 함께 지역협력의 한 형태로서 FTA가 특히 선호되는 이론적 배경을 설명한다. FTA의 이론적 기반으로서 무역창출, 무역전환과 같은 정태효과뿐 아니라 시장확대에 수반되는 동태적 성장효과를 설명하고, 더 나아가 포괄적 FTA에 수반되는 자본 및 서비스 이동 자유화의 경제적 효과도 분석하고 있다. 이러한 FTA 이론의 소개는 FTA의 정책적 결과에만 관심을 가져 온 국내의 많은 연구자들에게 새로운 분석 시각과 수단을 제공하게 될 것이다. 특히 이 장에서는 FTA의 비용과 편익을 비교함으로써 FTA 정책에 대한 합리적 비판과 함께 FTA를 선호하게 된 논리적 근거를 제시한다.

제3장은 기업이 FTA 특혜관세혜택을 받고 그것을 활용하기 위해 숙지하

지 않으면 안 될 원산지 관리 규정을 체계적으로 해설해 두었다. 여기에서는 원산지 규정의 개념과 결정기준을 위시하여 원산지 증명제도 및 원산지 검증에 이르기까지 실무적 지식을 종합·정리하였다. 이러한 원산지 관련 지식정보는 수출입 실무 종사자뿐만 아니라 원산지 관리사 시험 준비생들에게도 유익한 참고가 될 것이다.

마지막 제4장에서는 한국의 FTA 추진 현황과 전략을 소개하고 있다. 여기서는 그간 추진해 온 한국의 FTA 추진 배경과 함께 지금까지의 FTA 체결 상황, FTA 정책의 문제점 등을 짚어 보고 향후 대책 방향을 제시하였다. 특히 한국의 최대 무역 상대국이면서도 정치·외교적으로는 경쟁적 대립 관계에 있는 일본 및 중국과의 FTA를 어떻게 이해하고 풀어가야 할 것인지를 정치·경제학적 시각에서 해설하고 있다. 이 장의 해설 내용은 수출입 실무나 수험용 지식 제공을 위해서가 아니라, 한·중·일 협력의 현재와 미래에 대한 우리의 비전을 제시하기 위해 마련되었다. 따라서 이 장의 내용은 학생보다는 연구자, 실무 종사자보다는 정책 입안자들에게 요구되는 관찰 시각과 연구과제로 구성되어 있다.

이 책에 정리된 내용은 주로 다음의 자료에 의거하여 기술되었다. 우선 제1장, 제2장의 FTA 이론 부문은 주로 졸저, 『국제경제통합론』(시그마프레스, 2011)을 참조하였으며, 제3장 원산지 관리론은 KIEP(대외경제정책연구원)에서 발간된 원산지관련 연구 보고서들을 주로 참고하였다. 그리고 마지막 제4장 한국의 FTA 정책부문은 국내 FTA 정책분야 전문가들의 견해를 모아 특집으로 발간한 세종연구원의 *Global Affairs*지 특집(2012 여름호) 『한국의 FTA 허브 전략』을 주로 참고하였다. 그 외 본 서의 기술 내용과 자료는 말미의 참고문헌을 근거로 하여 작성하였다. 그러나 본 서는 2013년 국내 FTA 석사과정 개설에 맞추어 2012년 하반기부터 바쁘게 원고를 준비한 탓에 보완할 점이 많다. 이 점 독자 여러분의 양해를 부탁드리며, 부족한 점은 새로 시작하는 FTA 전문 석사과정의 강의 경험을 토대로 점차 보완할 것을 약속드린다.

본 서를 준비하는 데에는 2012년 가을 이후 기획재정부 FTA 석사과정 지원사업 참여를 위해 함께 사업단을 구성하고 FTA 석사과정 개설에 뜻을 모아 온 경제통상학부 심승진, 정기호, 김희호, 이재민 교수님의 지원과 노고가 큰 힘이 되었다. 이분들의 노력으로 본교 대학원에 FTA 전공학과가 개설되어 본 서의 구상과 출간이 가능했기에 이 지면을 빌려 다시 한번 감사드린다. 그리고 촉박한 시간 내에 많은 도표를 실수 없이 작성하고 많은 분량의 원고를 제때에 정리해 준 대학원 무역학과의 김미정 양에게도 감사의 뜻을 전한다. 끝으로 책의 출판을 위해 기획, 교정, 편집을 맡아 주신 경북대학교 출판부 편집진께 감사드린다.

2013년 5월

손병해

목차

ECONOMICS

제1장 ▸ 다자주의의 한계와 지역주의의 확산

제1절▸ 지역주의와 다자주의

1. 지역주의와 다자주의의 개념

오늘날 국제경제질서는 크게 다자주의와 지역주의 혹은 세계화와 지역화의 양대 개념으로 설명되고 있다. 다자주의(Multilateralism)는 GATT/WTO가 추구하는 무차별주의를 기본 이념으로 하여 세계적 차원의 무역자유화를 추구하는 정책 사조를 의미하며, 이를 위해 GATT/WTO 회원국이 다자간 무역협상을 통해 관세 인하를 추진해 오고 있다. 이에 비해 지역주의(Regionalism)는 지리적 인접성, 문화적 공통성 및 경제적 이해를 함께하는 국가들이 경제·무역에 관한 협정을 체결하여 역내 국가에 대해서는 무역 및 자본거래상의 특혜를 부여하고 역외국들에게는 차별적 조치를 취하는 형태의 정책 사조를 의미한다. 지역별 경제통합(Regional Economic Integration)이나 지역별 무역협정(RTA: Regional Trading Arrangement)이 지역주의 실현의 대표적 수단이 되고 있다.

다자주의는 WTO에 가입한 모든 나라가 공동으로 무역자유화 협상에 참여하고 협정 체약국에 대해서는 무차별적인 무역상의 특혜 — 최혜국대우 — 를 공여함으로써 세계 전체의 무역자유화를 유도하고 있다. 따라서 다자주의는 세계 전체의 시장을 하나로 통합하는 소위 세계화(Globalization)의 유발 요인이 되고 있다. 여기에 비해 지역주의는 지역별 무역협정에 참가한 국가에게는 무역상의 특혜를 제공하는 반면 역외국에 대해서는 무역상의 차별을 가하는 역내 우선, 역외 차별 원칙에 입각하고 있으므로 무역이나 자본의 흐름을 지역별로 편중시키는 소위 경제의 지역화(Regionalization)를 초래하는 요인이 되고 있다.

2. 지역주의와 세계 후생

세계 전체의 후생 극대화는 세계 전체가 자유무역에 접근할 때 가능하게 된다. 다자주의는 세계 여러 나라가 공동으로 무역자유화를 약속하고 자유화 협정에 참가하는 모든 국가에게 차별 없는 대우를 하는 것이므로 세계 전체의 무역자유화를 추진하는 데에는 지역주의보다 더 효율적인 접근 수단이 될 수 있다. 반면 지역주의는 역내 회원국의 이익을 우선적으로 고려하고 역외국을 차별하므로 세계시장을 분할하는 속성을 가지게 되며, 그로 인해 지역주의를 통해서는 세계 전체의 무역자유화에 이르지 못하는 한계점이 있다. 따라서 지역규모의 무역자유화를 실현하는 지역통합의 수가 많아진다고 하여 그것이 반드시 세계 후생 증가에 도움이 된다고는 볼 수 없다.

그러나 다자주의의 이론적 기능은 현실에서 여러 문제점에 봉착하게 된다. 우선 수많은 국가들이 동시에 협상에 참가하게 되므로 협상 비용은 많이 드는 반면 효율성은 낮을 수밖에 없다. 또 여러 국가 그룹간에 서로 다른 입장이 첨예하게 대립하게 되므로 협상 성과는 미미한 경우가 많다. 게다가 GATT 정신에 입각한 무역자유화 조치를 정책에 반영하고 있는 국가들이 있는 반면, 세계시장의 자유화 혜택은 수혜하면서도 자국 시장은 다양한 수단으로 보호하려는, 소위 자유무역의 무임승차국들도 있어 이론적으로 기대할 수 있는 세계 전체의 무역자유화 효과를 현실 세계에서 실현하기는 매우 어렵다. 이는 1960년대 이후 GATT 체제하에서 여러 차례 다자간 관세인하협정을 추진해 왔으나, 세계 전체의 무역자유화라는 목표에 도달하지 못한 이유이기도 하다.

반면 지역주의는 소수의 국가간에 무역자유화 협정을 체결하는 것이므로 협상 타결이 용이하며, 지역통합체 내의 공동기구를 통해 역내 무역협상 결과를 효율적으로 관리할 수 있다. 그 결과 소수 국가 간의 지역통합에서는 역내 무역자유화에 대한 무임승차자가 생겨날 수 없다. 따라서 지역주의는 국제간 무역협상이나 무임승차자 관리 면에서 다자주의의 한계점을 보완하는 기능을 가지고 있다고 할 수 있으며, 이러한 지역통합의 수가 많아지면 많아질수록 세계 전체의 무역자유화 폭도 그만큼 커지는 것으로 볼 수 있다. 그러나 세계 전체가 복수의 지역통합체로 나누어질 경우 그것이 폐쇄적 블록 경제권으로 발전하여 상호 배타성을 가지게 되면 세계시장은 블록경제권 수만큼 협소하게 분할되고 세계 전체의 무역자유화에도 역행하게 된다.

그렇지 않고 지역통합이 역내 무역은 자유화하되 역외에 대해서도 무역장벽을 더 높이지 않고 점진적으로 낮추어 가는 개방적 지역주의를 실현한다면 지역통합의 확산은 현실적으로 세계무역의 자유화를 유도하는 수단이 될 수 있다. 또한 세계적 무역자유화를 위해 개별국가 대신 지역통합체 대표간의 무역협상이 진행된다면 이는 세계 모든 국가들이 참여하는 다자간 무역협상보다 협상참가자 수가 적으므로 협상을 효율적으로 추진할 수 있고 협상의 시간적·경제적 비용도 줄일 수 있게 된다. 이러한 점에서 지역통합은 다자주의의 현실적 제약을 보완하면서 세계적 무역자유화에 접근하는 차선책으로 평가할 수 있다.

다른 한편 경제통합이론에서 볼 때 지역통합이 세계 후생 증진에 기여하기 위해서는 시장통합으로 인한 역내의 무역창출적 이익이 역외국이 받게 될 무역전환적 손실을 능가할 수 있어야 한다. 즉 지역통합은 이론적으로 ① 무역창출효과, ② 무역전환효과, ③ 무역확대효과, ④ 교역조건효과, ⑤ 시장확대효과, ⑥ 경쟁촉진효과, ⑦ 투자전환 및 투자창출효과를 가지고 있으며, 특히 자유무역지역에서는 ⑧ 간접무역굴절 효과가 나타날 수 있다. 이 가운데 무역전환효과, 교역조건효과 및 투자전환효과 등은 역외국의 희생을 바탕으로 역내 회원국의 이익을 얻는 효과이다. 따라서 역내 회원국이 얻을 수 있는 무역창출, 시장확대, 경쟁촉진 등의 이익이 이들 역외국의 손실을 능가할 수 있어야 세계 전체로는 지역통합의 순이익이 생겨날 수 있다. 그리고 장기적으로는 지역통합에 의한 새로운 무역확대 과정에서 역외국과의 무역도 증가할 수 있어야 한다.

이렇듯 지역통합을 통해 세계 전체의 순이익을 증대시키기 위해서는 무역전환으로 인한 역외지역의 손실을 극소화하고 무역확대 및 경쟁촉진의 효과를 극대화시키는 방향으로 지역통합이 추진되어야 한다. 이러한 취지에서 GATT/WTO에서는 지역통합을 현실적으로 인정하되 일정 조건(GATT 제24조, GATS 제5조)을 부과하여 역외에 미치는 손실을 극소화하고자 했다.

3. Bhagwati에 의한 지역주의와 다자주의의 후생효과 비교

지역주의가 다자주의보다 세계 후생 증진에 더 효율적일 수 있다는 주장은 다자주의의 무임승차 문제와 관련하여 논의가 계속되고 있다. 여기서는 바그와티(Bhagwati)의 논의를 중심으로 지역주의의 유효성에 대한 주장의 일단을 소개해 두고자 한다. 바그와티에 따르면 다자간 무역협상에서 해결하지 못하고 있는 무임승차자(free rider)의 문제를 고려할 경우 다자주의보다는 지역주의가 세계 전체의 후생을 극대화하는 더 효율적인 접근방법이 될 수 있다. 다자간 무역협상에서는 모든 협상 당사국에게 관세양허에 대한 의무와 수혜권한을 동시에 요구하고 있다. 그런데 만일 일부 국가가 양허의 혜택은 받아들이고 의무는 거절할 경우, 다자주의의 무역자유화 기능은 축소되지 않을 수 없다. 지금까지 GATT 체제하에서는 이러한 무임승차자에 대한 강제 구속력이 없었을 뿐만 아니라, 그 처리에 대한 유효한 실적도 쌓아 오지 못하였다. 그 결과 뜻을 같이하는 국가들은 서로간에 시장개방의 의무와 혜택을 동시에 가지도록 하는 지역협정을 선택하게 되었는데, 이러한 점에서 지역주의는 GATT의 다자주의를 보완하는 무역자유화의 수단으로 평가될 수 있다는 것이다.

지역협정에서는 특정국 고유의 주장과 이해관계가 지역 내의 공동이해관계로 조정·통합되게 된다. 따라서 이렇게 생겨난 지역블록들이 세계적 무역협상의 주체로 참여할 경우 그 블록 내에서는 세계적 무역자유화에 무임승차하는 국가가 없을 것이며, 그로 인해 세계 전체의 무역자유화를 통한 후생 극대화에 더 효율적으로 접근해 갈 수 있는 것이다.

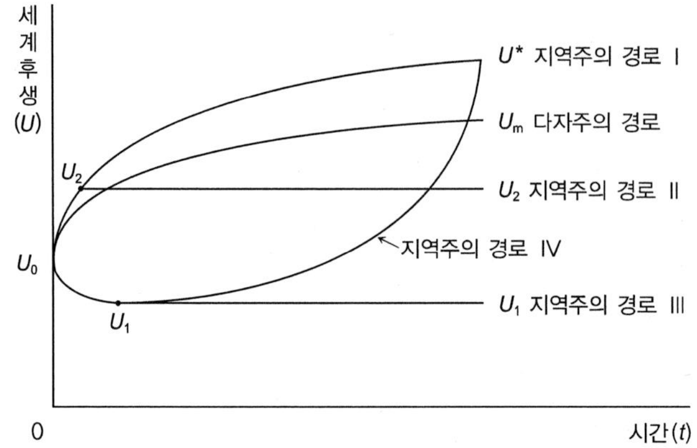

[그림 1-1] 지역주의와 세계 후생

무임승차자가 존재할 경우 지역주의와 다자주의의 후생효과는 [그림 1-1]에 나타난 J. Bhagwati의 설명을 통해 비교해 볼 수 있다. Bhagwati는 지역주의가 세계경제를 분할하는가 아니면 통합하는가에 따라 세계 전체의 후생에 미치는 효과가 다르다고 보고, 그 파급과정을 동태적 시간경로(dynamic time-path)를 통해 관찰하고 있다.

[그림 1-1]에서 U_0는 무역장벽이 있는 초기 상태의 세계 후생 수준, U^*는 자유무역상태의 최대 후생 수준을 각각 나타내고 있다. 여기서 지역주의는 다음과 같은 네 가지 경로를 따라 세계 후생을 변화시킬 수 있다.

(1) 지역주의가 발생할 경우 즉각적인 후생효과는 U_2로 개선(순무역창출효과)되거나 U_1으로 악화(순무역전환효과)될 수 있다.

(2) 시간이 경과함에 따라 무역블럭이 세계경제를 분할시키는 상태로 정착된다면 후생 수준은 U_2(경로 Ⅱ) 혹은 U_1(경로 Ⅲ)으로 정체될 것이다.

(3) 초기블록이 계속 확장되고 상호 결합되어 세계시장이 점차 통합될 경우 지역주의는 경로 Ⅰ 혹은 Ⅳ를 통하여 자유무역하의 후생 수준 U^*에

이르게 된다.

(4) 그러나 다자주의 경로는 무임승차자들 때문에 U^*에 이르지 못하고 U_m의 후생 수준에 머물게 된다. 다자주의에서 무임승차자의 문제를 해결한다면 후생 수준은 U^*에 접근할 수 있다.

이와 같이 무임승차자가 있는 한 지역주의는 다자주의보다 세계 후생을 극대화시키는 데 더 유효한 수단이 될 수 있는 것이다.

4. 지역주의와 GATT/WTO

GATT는 무차별주의와 다자주의에 입각하여 세계 전체의 무역을 자유화하는 것을 궁극적 목표로 하고 있다. 이를 위해 GATT 제1조에서는 최혜국대우(MFN: Most Favoured Nation Treatments) 원칙을 규정하여 모든 협정 참가국들에게 동등한 대우를 보장하면서 무역을 자유화하도록 명문화하고 있다. 그러나 GATT는 현실적 사정을 고려하여 지역통합의 경우에는 일정 조건을 충족할 경우 최혜국대우(MFN) 의무에 대한 예외(GATT 제24조 및 GATS 제5조)를 인정하고 있다. 지역통합은 역내에서는 무역을 자유화하지만 역외국에 대해서는 무역장벽을 두어 차별하는 것이므로 GATT의 기본원칙에는 위반되는 행위이다. 그럼에도 불구하고 이러한 지역통합을 GATT 제1조 '최혜국대우 원칙'의 예외로 인정하게 된 것은 GATT 설립 당시 국제사회가 안고 있던 정치·경제적 현실이 작용하였기 때문이다. 당시 상황을 좀 더 자세히 살펴보자. 우선 1948년 GATT가 발족할 당시 이미 유럽에서는 벨기에-룩셈부르크 경제동맹과, 베네룩스 관세동맹이 사실상 존재하고 있었다. 게다가 국내시장이 협소하여 공업화정책 수행이 어려웠던 개발도상국 측에서는 제2

차 세계대전 이후 그들의 개발 목적을 달성하기 위해 관세동맹이 필요하다는 주장을 펼치고 있었다. 특히 GATT 협상을 주도했던 미국은 MFN 조항이 영연방특혜무역권(The Commonwealth) 같은 종주국과 식민지간의 특혜무역 협정을 종식시키는 수단으로 평가한 반면, 그러한 특혜무역권이 더 이상 세계 전체의 무역자유화에 큰 영향을 미치지 않는다고 보았던 것이다. 이러한 당시의 경제적 현실 위에 정치적 고려가 더해졌다. 전후 냉전체제하에서 EEC와 같은 서유럽의 경제적 결속은 동유럽 공산권의 위협에 대한 공동방위라는 정치적 의미를 가지고 있었던 것이다. 따라서 서방진영에서도 지역통합을 현실적으로 인정하는 것이 시장경제권내에서 자유무역질서를 안정시키는 데 도움이 되는 것으로 판단하였고, 그 결과 GATT 24조에서는 일정조건을 충족하는 경우에 한해 지역무역협정을 최혜국대우의 예외로 인정하게 된 것이다. GATT 제24조에 규정된 지역협정의 조건은 아래와 같다.

① 관세동맹(자유무역의 경우에도 같은 기준 적용)의 경우 전체의 수준에서 동맹이 설정하는 관세 및 기타 무역장벽은 동맹 결성 전보다 더 높아서는 아니 된다(제24조 5항 a).

With respect to a customs union (the same criteria are applied to a free trade area), duties and other regulations of commerce imposed at the institution of any such union … shall not on whole be higher or more restrictive than the general incidence of duties … prior to the formation of such union (Article XXIV, Paragraph 5 a)

② 동맹지역 내에서의 관세 및 기타 무역장벽의 철폐는 실질적으로 모든 무역에 대해 이루어져야 한다(제24조 8항 a).

duties and other restrictive regulations of commerce are eliminated with respect to substantially all the trade between the constituent territories of the union or at least with respect to substantially all the trade in products originating in such territories. (Article XXIV, Paragraph 8 a)

③ 자유무역지역이나 관세동맹 수립의 이행 기간을 설정할 경우 합당한 기간 내에 이를 완료할 수 있는 실행 계획을 세워야 한다(제24조 5항 c). Any interim agreement leading to a free trade area or a customs union shall include a plan for the formation of such a free trade area … within a reasonable length of time (Article XXIV, Paragraph 5 c)

그러나 이러한 예외 인정조건은 다음과 같은 조문해석상의 불명확성으로 인해 국제사회에서 논란의 대상이 되어 왔다.

첫째, "비가맹국에 대한 무역장벽이 동맹 전체의 수준에서 동맹 전보다 높지 않아야 한다"(shall not on the whole be higher …)에 대한 해석상의 불명확성이다. 이 경우 동맹은 역외로부터의 일부 주요 수입품에 대한 관세율을 높이는 반면 다른 일부 품목에 대해 관세율을 낮춤으로써 전체적으로는 세율을 종전보다 낮게 할 수 있다. 그리고 EEC의 경우와 같이 국별 관세의 산술평균치를 공통관세로 설정함으로써 보호주의적 국가의 관세는 낮추었지만 역내 개방주의적 국가의 관세는 더 높아지게 되었다. 그 결과 동맹 전체의 실질적 무역장벽이 동맹 전보다 더 낮아졌다고 판단하기 어려운 경우가 있다. 특히 동맹 전체의 평균관세 수준을 비교의 기준으로 할 경우 기존의 관세동맹이나 자유무역지역에 관세 수준이 높은 개도국이 신규로 가입할 경우 동맹지역의 대외 무역장벽은 더 높아질 수 있고, 이는 GATT 제24조의 기본 취지를 희석시킬 우려가 있다. 예를 들면 EU가 관세 수준이 높은 중동부 유럽국가들을 신규회원국으로 가입시키는 경우 혹은 NAFTA의 자유무역지역이 중남미지역으로 확대될 경우, EU나 NAFTA 전체의 평균관세 수준은 더 높아질 수 있는 것이다.

둘째, 제24조에서는 "실질적으로 모든 무역"(substantially all trade)에 대해 역내관세 및 기타의 무역장벽을 제거하도록 규정하고 있으나 여기서 "실질적"이라는 용어의 해석이 문제가 되어 왔다. 예를 들면 교역대상 품목 가운데 30%의 전략 품목을 제외한 잔여 70%의 품목에 대해 관세를 100% 철폐하는 경우가 있을 수 있다. 반면 모든 교역대상 품목에 대해 70%의 관세 인하 조치를 취하는 경우도 있다. 이 중 어느 쪽을 실질적인 관세 인하로 볼 수 있는가에 대한 명시적 조항이 없다. 따라서 제24조의 조건은 그 해석상의 불분명성으로 인해 지역통합의 보호조치를 완화하는 데에는 한계가 있으며, 실제 GATT에서는 이러한 제한 조치의 위배 때문에 지역무역협정이 거부된 예가 사실상 없었던 것이다.

셋째, 자유무역지역이나 관세동맹으로의 이행 기간에 대한 구체적 언급이 없었다는 점이다. 그러나 이러한 지역통합에의 실행기간에 대해서는 1994년에 타결된 우르과이 라운드(Uruguay Round) 협상에서 "그 이행 기간은 통상 10년을 초과할 수 없다"(it is normally not to exceed 10 years)라고 규정함으로써 이에 대한 해석은 보다 분명해지게 되었다.

이러한 해석상의 불명확성에도 불구하고 GATT의 이 제24조와 관련하여 GATT 설립의 기본취지에 도움을 줄 수 있다는 긍정적 해석 때문에 지금까지 유지되고 있다. 1994년 우루과이 라운드(UR) 타결 이후 GATT에서는 이 제24조와 관련하여 “지역통합협정은 가맹국간 무역을 촉진하는 한편 비가맹국에 대해서는 무역장벽을 높여서는 아니 되며, 더욱이 GATT의 다른 회원국과의 무역에 부정적인 영향을 미쳐서는 아니 된다”라고 해석하고 있다. 그리고 이러한 취지는 1995년 이후의 WTO에도 승계되고 있다. 즉 이 조항의 취지는 지역통합 가맹국간의 무역은 더욱 자유화하고 비가맹국에 대해서는 추가적인 무역장벽을 높이지 않음으로써 세계 전체의 입장에서는 무역자유화의 기회를 조금이라도 더 확대하고자 하는 데 있는 것이다. 이러한 취지에서 지역통합협정에 의한 역내 무역장벽의 완전한 제거는 그것이 비록 지역규모의 차별화에 기초를 두고 있더라도 세계 전체의 무역과 투자의 자유화에 기여할 수 있는 것으로 볼 수 있다. 이러한 해석에서 보면 특혜무역협정은 다자간 무역자유화에 대한 현실적 접근방법이 될 수 있으며 GATT의 근본 취지에도 상충되지 않는 조치가 될 수 있다.

한편 1995년부터 발족된 세계무역기구(WTO)에서는 서비스무역에 관한 일반협정(GATS)을 별도로 체결하고 있다. 이 서비스무역에 관한 일반협정의 제5조(GATS, Article 5)에서도 지역통합의 경우에는 MFN 의무의 면제를 예외적으로 인정하고 있으며 그 인정조건은 앞에서 지적한 GATT 24조의 3개 요건과 같다.

그 외에도 1979년 동경라운드에서 채택된 GATT의 허용조항(enabling clause)에서는 무역을 통한 개발도상국들의 성장촉진과 GATT의 의무 수행을 지원하기 위해 최혜국대우 원칙의 예외를 인정하고 있다. 이에 따라 개도국에 대해서는 일반특혜관세제도(GSP)와 개도국상호간 특혜무역협정이 허용되고 있다.

제2절▸ 지역주의와 다자주의의 양립 문제

1. 지역주의와 다자주의의 기능 비교

GATT/WTO는 자유주의, 무차별주의, 다자주의에 입각하여 세계무역의 자유화를 추진하고 있다. 이를 위해 GATT 체제하에서는 8차에 걸친 다자간 무역자유화 협상을 통해 세계 전체의 관세 인하를 추진해 왔다. 이에 반해 지역주의에 입각한 지역통합은 쌍무주의와 차별주의에 입각하여 역내 무역의 자유화만을 우선적으로 추진하고 있다. 따라서 WTO가 추구하고 있는 다자주의 및 무차별주의는 지역통합이 추진하고 있는 쌍무주의 및 차별주의와 근본적으로 상충되는 속성을 가지고 있다. 그러나 1994년 우루과이 라운드(UR)가 타결되고 GATT 정신을 승계한 WTO가 출범한 이후에는 오히려 지역주의에 입각한 지역별 무역협정이 확산되고 있어 지역주의와 다자주의의 양립성 여부가 학계의 관심이 되고 있다. 지역주의와 다자주의의 상호관계에 대해서는 두 가지 상반된 견해가 있다. 하나는 지역주의와 다자주의가 상반된 기능을 하고 있다는 견해이고, 다른 하나는 지역주의가 다자주의를 보완하는 기능을 하고 있다는 견해이다.

(1) 지역주의와 다자주의의 상반된 기능

우선 지역주의와 다자주의가 상반 관계에 있다고 보는 논지는 다음과 같다.

첫째, 지역주의를 유발하는 지역통합의 경우 역내 회원국간 무차별적 무역자유화를 실현하지만 역외 제국에 대해서는 차별적 관세를 부과하고 있다. 따라서 지역주의는 무역차별화의 한 수단으로 이용될 수 있으며, 그로 인해 보호주의적 무역블록을 유발하게 된다. 그리고 지역통합은 가맹국들로 하여금 "우리 시장이 충분히 크다"는 신드롬에 빠지게 하여 다자간 무역자유화에 대한 유인을 감소시킬 수 있다. 따라서 지역통합이나 지역무역협정을 통해 실현되고 있는 지역주의는 세계 전체의 입장에서 볼 때 무차별주의를 추구하는 다자주의와 상충되는 기능을 가지게 된다.

둘째, 여기에 더하여 지역통합협정에서 엄격한 원산지 규정, 높은 수준의 현지부품조달 규정, 덤핑방지관세의 자의적 운용, 기타 역외에 대한 기술적 장벽이 강화될 경우 지역통합은 배타적 경제블록으로 발전할 가능성이 있다.

셋째, 지역주의는 공동 이해관계에 있는 특정 국가간의 무역자유화를 추구하는 정책 수단이므로 GATT/WTO가 추구하는 다자주의에 비해 무역협상에 참여하는 국가의 수가 적고 그로 인해 무역자유화 협상이 용이하게 추진될 수 있다. 그 결과 WTO의 범세계적 자유무역 원칙보다는 지역통합에 의한 특혜무역규정이 우선될 수 있으며, 그러한 지역통합이 확대될수록 세계적 무역자유화를 추구하는 WTO의 기능은 약화되지 않을 수 없다.

(2) 지역주의와 다자주의의 보완적 기능

반면 지역주의가 다자주의를 실현하는 보완적 수단이 될 수 있다는 주장은 다음과 같은 사실에 근거를 두고 있다.

첫째, 지역주의가 배타적 블록경제권을 추구하는 것이 아니라 합리적 지역주의 형태를 취할 경우 세계 전체의 무역자유화에 보완적 수단이 될 수 있고, 세계 후생을 높이는 방책이 될 수 있다. 합리적 지역주의란 역내 무역의 자유화는 촉진하되 역외국에 대해서는 무역장벽을 높이지 않는 형태의 지역주의를 의미한다. 이러한 지역주의는 역외국과의 무역을 저해하지 않으면서 지역협정 참가국간의 무역은 자유화하게 되므로 세계 전체의 무역 확대에 기여하게 된다.

둘째, 지역통합이 자연적 무역블록에 기초를 두고 있거나 무역창출적 통합인 경우에는 그 자체로도 세계 후생 증대에 기여하게 된다. 현실적으로 지역통합은 무역의존도가 높은 교역 상대국간에 결성되므로 자연적 무역블록의 성격을 가지는 경우가 많다. 자연적 무역블록에 기초를 둔 지역협정에서는 기존의 무역 흐름에 대한 인위적 무역장벽을 제거하는 조치가 취해지므로 역외에 대한 무역전환의 소지는 크지 않은 반면, 무역창출로 인한 역내 무역 확대의 기회는 더 커지게 된다.

또한 오늘날과 같이 다국적 기업의 해외투자 및 국제간 요소이동의 폭이 넓어짐에 따라 지역통합으로 인한 무역전환의 손실은 점차 축소되는 경향이 있다. 즉 역외지역에 대한 해외 직접투자가 있는 경우 해외 자회사로부터의 중간재 및 제품의 수입이 계속 유지되므로 특정국과의 경제통합이 결성되더라도 역외 피투자국과의 무역에서 발생하는 무역전환의 소지는 그만큼 더 감소하게 된다.

여기에 더하여 시장통합으로 인한 규모의 경제가 무역전환의 손실보다 더 클 경우에는 지역통합이 세계 후생을 증대시킬 수 있다. 각국의 산업구조가 다양화되고 국제분업구조가 제품간 분업에서 공업분업으로 전환됨에 따라 특정 공정에 대한 규모의 경제가 국제경쟁력의 원천이 되고 있다. 지역경제통합에 의한 요소 이동의 자유화는 이러한 공정분업 기회를 확대시키고 규모의 경제에 대한 기대이익을 높이게 된다. 지역통합으로 인한 규모의 경제가 무역전환으로 인한 후생 손실을 능가할 수 있을 만큼 크게 나타난다면 설령 무역전환을 수반하는 경제통합이 일어나더라도 세계 전체의 입장에서는 후생이익이 더 크게 나타날 수 있는 것이다.

셋째, 개방적 지역주의를 통해 세계 전체의 무역자유화에 점진적으로 접근해 갈 수 있다. 1990년대 이후의 신지역주의에서 강조되고 있는 개방적 지역주의는 역내 무역의 자유화를 추진하면서 역외국에 대한 개방성을 유지하는 것을 의미한다. 지역통합의 개방성으로 인해 어떤 국가나 기존 협정에 가입할 수 있을 뿐만 아니라, 하나의 지역협정에 참가하고 있는 국가가 다른 지역협정에도 참가할 수 있다. 지역협정 상호간에는 개방적 교류채널이 유지되고 있기 때문이다. 현재 기존의 소규모 협정에 주변국들의 가입이 늘어나 소(小)지역별 협정이 점차 대륙 규모의 협정으로 확대되어 가고 있으며, 이로 인해 오늘날의 지역통합은 배타적 블록화가 아니라 범세계적 자유무역을 위한 징검다리 기능을 하고 있다.

넷째, 냉전 종식 이후의 지역통합은 무역 및 투자의 자유화만을 추구하는 것이 아니라 국가별로 상이한 제도나 기준들을 조정·조화시킴으로써 지역 공동의 사회·경제적 규범을 통일해 가고 있다. 이는 WTO 다자간 협상에서 충분히 다루어질 수 없는 분야에서 새로운 국제규범을 창출하는 것이므로 개방적 지역주의는 다자간 교섭을 저해하는 것이 아니라 오히려 선도하는 것으로 볼 수 있다.

마지막으로, 지역통합의 역내 분쟁처리 기능은 범세계적 차원에서 해결해야 할 국제분쟁의 상당 부분을 대신 해소해 준다. 국제간 상호의존이 심화되고 세계화가 진전되면서 이제 일국의 국내 문제나 지역 문제가 세계의 문제로 확대되는 추세를 보이고 있다. 따라서 지역 내 문제를 지역 내에서 처리하는 지역 시스템의 구축은 세계 전체의 입장에서 볼 때 국제분쟁의 소지를 줄이는 동시에, 지역분쟁이 범세계적 분쟁으로 확산되는 것을 방지하는 안전핀 역할을 강화하는 것이 된다.

이와 같이 오늘날의 지역통합은 세계적으로 확산될 수 있는 국제적 외부불경제 — 예를 들면 국지적 분쟁 — 는 지역 차원에서 규제하고, 자유무역질서와 같은 국제적 외부경제는 개방적 지역주의를 통해 범세계적으로 확대시켜 갈 수 있는 순기능을 가지고 있는 것이다. 이러한 점에서 지역통합은 세계경제에 대한 하부조직(sub-system)으로서의 역할을 담당하고 있으며, 지역주의는 다자주의에 대한 보완적 기능을 하고 있는 것으로 평가할 수 있다. 1990년대 이후 지역주의와 다자주의가 국제경제질서의 양대 축으로 병립하고 있는 것은 지역주의의 이러한 보완적 기능이 보다 크게 작용하고 있기 때문이다.

2. 지역주의와 다자주의가 양립하는 현실적 이유

앞서 지적한 보완적 기능 외에도 다음과 같은 국제환경의 변화와 지역주의에 대한 새로운 논리적 접근이 오늘날 지역주의와 다자주의의 공존을 더욱 강화해 주고 있다.

(1) 개방적 지역주의로의 기능 변화

과거의 지역주의가 배타적 속성을 가졌다면 오늘날 지역주의는 개방적 지역주의로 바뀌어 가고 있는 것이 큰 특징이다. 그로 인해 지역주의와 다자주의 간의 관계도 새로이 정립되고 있다. 전후 GATT 체제하에서의 지역주의는 역내우선 역외 차별주의로 인해 지역통합이 경제의 블록화를 가져오는 요인으로 이해되었다. 이는 제2차 세계대전 이전 경제의 블록화가 결국은 세계대전이라는 엄청난 비극을 유발한 원인이었기 때문에 배타적 블록경제에 대한 경계심이 작용한 결과로도 볼 수 있다.

그러나 오늘날의 지역주의에서는 — 비록 역내우선 역외 차별의 원칙이 여전히 유지되고 있지만 — 역외에 대한 배타적 블록화를 가져올 정도의 차별성은 발견하기 어렵다. 지역통합에 참가하고 있는 국가들은 WTO 원칙에 준하여 모든 국가와 무역하는 것을 원칙으로 하되 다만 역내 회원국 간에는 우선적으로 무역을 자유화하는 정도의 지역주의를 실현하고 있다. 경제통합의 결성도 제2차 세계대전 이전의 블록경제처럼 역내 국가에 대한 강제구속력을 가지게끔 하는 것이 아니라 가입과 탈퇴가 자유로우며, 어떤 지역의 국가와도 경제적 이해가 일치하면 협정을 체결하는 형태의 유연성을 가지고 있다.

그리고 냉전체제 종식 이후 현재까지 전개되고 있는 지역별 무역협정은 반드시 지리적으로 인접하거나 문화적으로 공통성이 있어야 하는 것이 아니라 경제적 이해만 일치하면 어느 지역, 어느 국가와도 자유롭게 체결되고 있다. 실제 2008년 말까지 WTO에 보고된 지역별 무역협정 211건 가운데 대륙간 무역협정이 전체의 약 1/3(70건)에 이르고 있었다. 이는 오늘날의 지역주의가 배타적·폐쇄적 지역주의가 아니라 개방적·유연적 지역주의로 전환되고 있음을 말해 준다. 이러한 개방적·유연적 지역주의는 GATT/WTO가 우려하는 세계시장의 분할을 가져오기보다는 오히려 다자주의만으로는 해결할 수 없는 무역자유화 문제를 지원해 주는 기능을 하는 것으로 볼 수 있다.

(2) 다자주의와의 보완성 유지

지역주의가 개방적 지역주의로 발전함에 따라 그것이 세계무역에 미치는 영향도 과거와는 다르게 해석되고 있다. 과거에는 지역주의가 세계시장을 분할하여 세계적 자유무역을 저해하며 그로 인해 세계 전체의 후생 극대화에는 도움이 되지 못한다고 보았다. 그러나 최근에 와서는 지역주의가 무임승차자를 제거함으로써 다자주의에 의한 무역자유화보다 세계 전체의 후생 극대화에 더 효율적으로 접근해 갈 수 있다는 해석을 하고 있다. 다자주의에 의한 세계적 자유무역이 세계 후생을 극대화시키는 최적해이나 현실적으로는 모든 분야에서 세계적 규모의 무역자유화 협상을 추진한다는 것 자체가 어려울 뿐만 아니라, 그렇게 된다 하더라도 무임승차국의 존재 등으로 인해 세계 전체 차원에서의 완전한 자유무역 실현은 불가능하다. 그렇다고 세계 모든 나라가 민족주의에 입각하여 국별 보호주의를 유지하는 것은 세계 전체의 차원에서 볼 때 더욱 바람직하지 않다. 이러한 현실 속에서 차선책으로 선택될 수 있는 대안이 지역주의에 의한 무역자유화 영역의 확대라 할 수 있다. 지역주의에 의한 무역자유화 협정이 대륙간 협정 또는 지역간 협정으로 다변화될 경우 지역주의를 통한 세계시장 통합 가능성은 더욱 높아질 수 있을 것이기 때문이다. 따라서 지역주의는 다자주의를 대체하는 것이 아니라 세계시장 통합이란 측면에서는 다자주의의 한계점을 보완해 주는 기능을 하는 것으로 볼 수 있다.

그러나 지역주의에 입각한 자유무역협정이 특정 지역 내에서뿐만 아니라 지역간·대륙간에 중복하여 체결될 경우 원산지 규정의 관리비와 같은 제반 관리 비용이 증가한다는 문제점도 동시에 발생할 것이므로 지역협정의 확대가 바로 세계 후생의 증진으로 이어지는 것은 아니다.

이상과 같은 지역주의의 긍정적 기능과 비용증가 기능을 동시에 고려하여 GATT 조약(GATT 1994) 제24조와 서비스무역에 관한 새로운 협정(GATS 1994) 제5조는 일정한 조건을 부과하여 지역별 경제통합에 대해 최혜국대우 의무 적용의 예외를 계속 인정하고 있다. 바로 이러한 예외조항에 의거하여 현재 지역별 무역협정과 그로 인한 국제간 제통합은 합법적으로 활발히 추진되고 있는 것이다.

제3절 ▸ 지역주의의 새로운 해석

1. 1990년대 이후 신지역주의의 확산 배경

1960년대 이후 EEC와 개도국을 중심으로 한 지역주의를 구지역주의라 부르는 반면 1990년대 이후 확산되어 오늘에 이르고 있는 지역주의를 흔히들 신지역주의라 한다. 신지역주의가 다시 확산되기 시작한 배경에는 다음과 같은 국제협력환경의 변화가 작용하고 있다.

(1) 냉전종식 이후의 국제협력 구도 변화

제2차 세계대전 이후의 국제협력체제는 동서 냉전체제하에서 형성된 이념적 대립구조 위에서 형성되었다. 그러나 1980년대 말을 기점으로 냉전이 종식되면서 국제협력 구도는 이념적 결속이 아니라 경제적 실리추구를 위한 지역적 결속구도로 전환되어 왔다. 이에 따라 동유럽 제국은 동유럽상호경제원조회의(COMECON)를 해체하는 대신 EU와의 무역협정을 체결하게 되었으며,

중국과 러시아 극동지역은 사회주의권 내에서의 상호의존보다는 동북아지역 내에서 한국 및 일본과의 교류협력에 더 많은 관심을 가지게 되었다. 또한 동남아 지역에서도 인도차이나 공산권에 대처하기 위해 결성되었던 ASEAN이 1990년대 중반부터는 베트남, 라오스, 미얀마, 캄보디아를 회원국으로 맞아들이게 되었다. 바로 이러한 지역규모의 교류협력 재개가 1990년대 이후 신지역주의 확산의 일차적 배경이라 하겠다.

(2) GATT 체제와 다자주의의 한계점

신지역주의가 대두된 또 다른 요인으로는 GATT 체제와 다자주의의 한계를 들 수 있다. GATT의 경우 출범 초기에는 미국을 중심으로 하는 주요 선진국들이 가입해 있었으며, 공산품에 대한 무역자유화가 주요 목표였다. 그러나 GATT의 제8차 무역협상(우루과이 라운드, UR)이 전개된 1980년대 후반에는 선진국은 물론 대부분의 개발도상국들까지 GATT에 가입하였으며, 1994년의 WTO 협정에는 100개국 이상의 선·후진국이 참가하였다. 게다가 UR협상 이후 GATT의 무역자유화 협상에서는 공산품뿐만 아니라 농산물, 서비스, 지적 소유권에 이르기까지 다자간 협상대상 영역이 확대되기 시작하였다. 그 결과 선진국 중심의 공산품 무역자유화 규범만으로는 백 수십 개 국가 간에 일어나는 공산품, 농산물 및 서비스의 자유화 질서를 효율적으로 관리할 수 없게 되었다. 더욱이 1980년대 이후에 와서는 관세뿐만 아니라 비관세장벽이 확산되고 지구환경 보호나 자본 및 노동이동에 대한 국제적 규범이 요구되는 등 새로운 국제협력과제가 대두되면서 제2차 세계대전 이후에 형성된 GATT 체제로서는 더 이상 새로이 요구되는 국제간 협력 과제를 수용할 수 없게 되었다. 이에 따라 1990년대 이후 많은 국가들은 협상참가국 수는 제한하는 한편, 자국이 원하는 여러 가지 협력과제를 포괄적으로 수용할 수 있는 지역주의를 선호하게 된 것이다.

(3) 도미노 효과에 의한 지역주의 확산

범세계주의를 주창해 왔던 미국은 1990년대에 접어들면서 NAFTA 결성이라는 지역주의 노선을 선택하기 시작하였다. 또한 동유럽 공산권에 대응하기 위해 서유럽 국가간에 결성되었던 EC가 1990년대 후반부터는 동유럽을 포함하는 범유럽경제권으로 확대되어 갔다. 이에 따라 세계 각국은 지역주의를 더 이상 GATT 체제하의 예외적 현상이 아니라 GATT/WTO 체제와 병행하여 나타나는 새로운 국제질서로 인식하게 되었고, 결국 이러한 새로운 국제질서 속에서 홀로 낙오되는 것을 피하기 위해 주변 개도국들은 기존의 지역통합체 가입을 서두르거나 새로운 지역협정을 설립할 필요성을 절감하게 된다. 더욱이 신지역주의에서는 지역통합의 목적이 단순한 상품시장의 통합만이 아니라 노동, 환경, 기술규범 및 거시경제정책 등으로 확대되면서, 역내시장에 대한 역외국의 비관세 진입장벽은 더욱 높아지고 있다. 이에 따라 역외국은 통합된 공동시장의 진입장벽을 회피하고 국제협상에서의 고립을 피하기 위해 어떤 형태로든 지역협정에 참가하려는 동기를 가지게 된 것이다. 이러한 파급효과가 지역통합에 대한 도미노 효과를 불러일으켜 1990년대 이후 신지역주의는 급속도로 확산되었다.

2. 신지역주의의 기능적 특성

신지역주의는 통합목표, 통합방식, 세계경제질서에 대한 영향 등에서

1960년대의 지역주의와는 구분되는 몇 가지 특징을 지니고 있다.

(1) 정책지향적 통합

1960년대의 지역주의는 주로 시장지향적 통합(market led integration)의 성격을 가지고 있었다. 통합 당사국간에 관세장벽을 철폐하여 시장규모를 확대하고자 했던 것이 경제적 측면에서 본 지역통합의 주요 목적이었다. 그러나 현재는 대부분의 무역국가들이 GATT의 다자간 관세인하협상을 통해 이미 상당한 수준의 무역자유화를 실현하고 있고, 결과적으로 지역통합에서 관세철폐와 무역자유화 그 자체가 가지는 의미는 많이 약화되었다. 반면 최근 국제간 경제적 상호의존이 심화되면서 무역 외에 투자, 환경, 노동분야에서의 국가간 정책협조의 필요성은 상대적으로 높아지고 있다. 그러나 지금까지 GATT의 경험에서 확인된 바와 같이 많은 국가가 참여하는 다자간 협상방식으로는 새로이 생겨나는 다양한 정책협력 과제에 효율적으로 접근할 수 없다. 이에 따라 최근의 신지역주의하에서 각국은 정책협조의 필요성이 보다 높게 인식되고 있는 인접국간에 우선적으로 무역장벽을 제거하고, 나아가 환경, 노동, 자본, 기술 기타 거시경제정책 분야에서의 정책협조를 도모하려고 노력하고 있다. 그 결과 신지역주의하의 지역통합은 시장지향적 통합에서 정책지향적 통합(policy led integration)으로 전환되는 특징을 보이고 있다.

(2) 수직적·전략적 경제통합

1960년대의 지역주의에서는 발전단계가 유사한 국가들간의 수평적 시장통합이 추구되어 왔다. 그러나 1990년대의 신지역주의에서는 선진국과 개발도상국간의 통합 혹은 하나의 중심국과 여러 개의 주변국들이 상호 통합하는 수직적 통합이 선호되고 있다. EU가 27개국으로 확대되기 전 유럽연합(EU)과 중동부 유럽국가/지중해 제국 간에 맺어진 각종 무역협정이 바로 이러한 통합의 예이며, 미국과 캐나다/멕시코 간의 자유무역협정(NAFTA)도 이러한 속성을 지니고 있다. 또 2005년을 목표로 추진하고자 했던 미주자유무역협정(FTAA) 구상도 미국을 중심축으로 하고 중남미 주변국들이 합세하는 전형적인 중심-주변부형 통합 모형이라 할 수 있겠다.

이러한 중심-주변부형 통합이나 수직적 통합에서는 중심 선진국과 주변 개도국간의 보완적 무역관계는 확대될 수 있으나 주변 개도국 상호간의 교류는 제한적일 수밖에 없는 문제점이 있다. 그럼에도 불구하고 이러한 통합이 추진되고 있는 것은 선·후진국간의 산업재편성이나 생산의 국제적 결합을 통해 세계시장에서의 경쟁력을 확보할 수 있기 때문이다. 1980년대 이후 전자혁명으로 인해 제조공정은 점차 노동절약적이고 R&D 집약적으로 되어 가는 경향이 있다. 이에 따라 노동집약산업에서 개발도상국이 누려왔던 비교우위 조건은 점차 완화되고 있다. 이러한 비교우위조건 변화에 대응하기 위해 개발도상국은 선진국과 분리된 국제분업이 아니라 선진국의 기술과 자본유입을 자유화함으로써 선·후진국간 일체화된 분업구조를 선택하기 시작하였다. 이러한 개도국의 정책전환은 노동집약적 산업의 해외이전을 모색하는 선진국의 이해와 합치되면서 선진국과 개도국간의 수직적 통합으로 발전하게 된 것이다. 이러한 수직적 통합은 선진국과 개도국간의 산업구조조정 및 비교우위 전략을 위한 국제적 제휴의 성격을 가지고 있으므로 전략적 통합(strategic integration) 혹은 국제간 전략적 제휴라 할 수 있다.

(3) 개방적 지역주의

과거의 지역주의는 역내우선 역외 차별 조치만을 부각시킴으로써 다자주의와는 상충되는 개념으로 인식되어 왔다. 그러나 신지역주의는 역내우선 원칙에 기초를 두고 있으나 역외 국가들의 참여를 제한하거나 역외국에 대한 무역장벽을 추가로 설치하지는 않고 있다. 그리고 신지역주의에서는 신규가입을 희망할 경우 통합조건만 충족된다면 가입문호가 개방되고 있으며 역외국에 대한 무역차별도 WTO 기준에 의해 점차 완화되고 있다. 이러한 점에서 신지역주의는 개방적 지역주의(open regionalism)의 성격을 가지고 있는 것이다.

1960년대의 지역통합 대부분은 GATT에 가입하지 않은 개도국간의 통합이었다. 그러나 현재 지역협정에 참가하고 있는 대부분의 국가들은 WTO에 가입하고 있으며 다자간 무역협상에 개별적 혹은 집단적으로 참가하고 있다. 또 동유럽 체제 전환국의 대(對)EU 접근이나 인도차이나 사회주의권 국가들의 ASEAN 가입에서 보는 것처럼 세계적 자유무역체제에 접근하기 위한 수단으로 지역협정에 우선 가입하는 경우도 볼 수 있다.

최근에는 하나의 지역통합에 참여하고 있는 국가가 다른 지역협정에 복수로 참가하거나(NAFTA의 멕시코와 안데스 공동시장의 콜롬비아, 베네수엘라 간의 FTA 협정 등) 지역통합체 상호간의 무역자유화 협정(EC와 EFTA 간의 EEA 협정)을 추진하는 등 중첩된 지역주의, 더 나아가서는 하나의 지역통합체가 더 넓은 지역협력체에 참가(APEC 내의 ASEAN과 NAFTA)하는 중층적 지역주의가 실현되고 있는데, 이러한 중층적이고 중첩된 지역협력 채널을 통해 오늘날의 지역통합은 역외지역과의 교류영역을 넓혀갈 수 있는 개방성을 유지하고 있다.

3. 지역주의의 순기능 확대

전후 GATT 체제하의 지역주의에서는 역내에서는 관세를 철폐하여 무역을 자유화하고 역외국에 대해서는 기존 관세를 유지하거나 공통관세를 부과하는 등의 차별을 가하는 것이 지역협정의 주요 내용이었다. 정태분석에 입각한 전통적 관세동맹이론에서는 역외에 대한 관세상의 차별화로 인한 무역전환효과 때문에 지역주의는 무차별적 무역자유화에 비해 후생효과 면에서 불리한 것으로 평가되어 왔다. 그리고 GATT 체제하에서는 이러한 지역통합의 역내외 차별조치 때문에 지역주의를 다자주의에 상충되는 개념으로 파악하고 이를 억제하거나 인정하더라도 GATT 규범상의 예외적 현상으로만 인정해 왔다.

그러나 최근 들어서는 국제간 상호의존의 폭이 확대되고 국제간 협력범위도 단순히 무역장벽의 제거만이 아니라 국제거래에 관련된 각종의 기술적·제도적 거래장벽의 제거로 확대되고 있다. 뿐만 아니라 국제 협상에 참여하는 국가들도 전후에는 선진공업국에 국한되어 있었으나 최근에는 개도국이나 체제 전환국에 이르기까지 확대되고 있다. 이렇듯 국제협력 참가 대상국이 늘어나고 협력 범위가 다양한 부문으로 확대됨에 따라 GATT 체제가 지향해 왔던 전통적 다자주의 방식만으로는 범세계적 합의점을 찾기가 어렵게 되었다. 다자주의는 협상목표와 협상상대국 수가 많을수록 협상타결이 어렵다는 구조적 취약점을 안고 있기 때문이다.

그 결과 1990년대 들어서는 많은 나라들이 협상 참가국 수를 제한하면서 자국이 원하는 다양한 협력과제를 다각적으로 수용할 수 있는 지역주의를 선택하게 되었으며, 이러한 선택이 오늘날의 신지역주의로 나타나고 있는 것이다. 지역주의 확산 이후 지역주의에 대한 학계의 연구동향도 이러한 현실을 반영하듯 지역주의의 순기능을 확인하는 추세를 보이고 있다. 1990년대 이후 지역협정을 둘러싼 학계의 연구동향은 주로 ① 지역주의와 다자주의의 상호관계, ② 신지역주의의 후생 증대 기능, ③ 지역주의의 선택동기, ④ 신지역주의를 설명할 수 있는 새로운 분석수단의 모색에 모아지고 있다.

지역주의와 다자주의의 상호관계에 대해서는 상호보완적 기능을 강조하고 그것을 토대로 양자가 양립할 수 있는 근거를 모색하는 추세이다. 지역주의의 후생 증대 기능에 대해서는 지역주의를 통해서도 다자주의가 달성할 수 있는 후생 수준에 이를 수 있으며, 협력 영역에 따라서는 지역주의가 오히려 세계 후생에 더 도움이 될 수 있다는 점을 주장하고 있다.

지역주의가 다자주의보다 세계 후생에 오히려 더 도움이 될 수 있다는 주장은 국제환경문제나 국제평화질서와 같은 국제공공재의 수급과 관련하여 제기되고 있다. 무역이 자유화되고 생산의 국제화가 이루어짐에 따라 대량생산, 대량소비가 촉진되어 왔으며, 그로 인해 지구환경 파괴, 월경성(越境性) 공해의 확산, 자원 고갈화와 같은 국제공공재 관련 문제가 심각하게 부상하고 있는데, 국제공공재는 국제간 소비의 비배제성, 비경합성 및 무임승차 유인 등으로 인해 국가단위 혹은 개별 정부에서는 그 수급을 관리할 수가 없다는 특성을 지니고 있어 세계정부를 통해 관리될 수밖에 없기 때문이다. 그러나 현실적으로는 세계정부의 수립이 불가능하므로 지역통합조직을 통해 이러한 국제공공재 문제에 접근하는 것이 다자주의에 입각한 자유무역체제보다 더 효율적이라는 것이다.

지역주의의 선택 동기에 대해서도 과거의 지역주의는 시장지향적 통합(market led integration)을 지향하였고 따라서 큰 시장(large market)의 확보가 지역협정 선택의 주된 동기였다. 그러나 최근의 신지역주의는 노동, 기술, 서비스, 환경, 마약, 범죄 등 다양한 협력과제를 내포하고 있으며, 더 나아가서는 전략적 무역정책을 실현하기 위한 정책협조에 이르기까지 시장보다는 정책통합(policy intergration)을 추구하고 있다. 따라서 개별국 입장에서는 다양한 정책통합을 수용할 수 있는 지역주의를 선택하고자 한다. 세계 전체의 입장에서도 과거 시장지향적 통합에서는 지역통합의 대외 차별성 때문에 무역전환이 일어나므로 세계 후생 증진에는 도움이 되지 않는 것으로 보았다. 그러나 정책지향적 통합에서는 역외 차별을 수반하지는 않으면서도 바람직한 국제협력과제를 수행하므로 세계 전체의 입장에서도 긍정적 파급효과를 가져올 수 있다. 이에 따라 신지역주의 이후에 와서는 지역주의가 단순히 무역효과만을 분석대상으로 해 온 Viner류의 전통적 분석시각으로는 현재의 지역주의를 설명할 수 없다는 견해가 확산되고 있다. 경제적 효과 분석에서도 Ethier는 정태적 무역효과뿐만 아니라 국제협상의 비용편익분석에 의해 지역주의가 선택될 수 있는 기준을 검토하고 있으며, Melo와 Grether는 쌍대성정리(duality approach)를 통해 불완전경쟁하에서 경쟁력 효과, 규모의 경제, 다양성 증대의 가능성을 기준으로 지역주의의 효과를 강조하고 있다. 이러한 연구결과는 동태적 시간경로와 지역주의의 후생효과에 대한 Bhagwati의 연구와 함께 지역주의가 다자주의를 보완 혹은 대신하여 세계 후생에 기여할 수 있음을 증명하고자 하는 새로운 시도로 평가될 수 있다.

어쨌든 이러한 최근의 연구를 통해 지역주의는 다자주의와 상충되는 개념이 아니라 보완적 개념으로 이해되거나, 지역주의 그 자체만으로도 세계 후생에 기여할 수 있는 것으로 재인식되고 있다.

4. 지역주의와 FTA

지역주의를 실현하는 형태로는 지역별 특혜무역협정(RTA) 혹은 지역경제통합을 들 수 있다. 지역별 경제통합 형태에는 자유무역협정(FTA: Free Trade Agreement), 관세동맹(Customs Union), 공동시장(Common Market), 경제동맹(Economic Union) 및 완전한 경제통합이 있다. 이 가운데 FTA는 회원국 상호간에는 관세를 철폐하여 무역을 자유화하고 비회원국에 대해서는 각 회원국이 독자적으로 관세를 부과하는 형태의 경제통합을 지칭한다. 그리고 이러한 자유무역협정이 체결되어 무역이 자유화되고 있는 지역을 우리는 자유무역지역(FTA: Free Trade Area)이라 부른다. 자유무역협정은 대역외 공통관세가 없기 때문에 관세동맹이나 공동시장에 비해 공동정책 수행으로 인한 정책의 구속력은 적은 반면 회원국간의 무역자유화로 인한 시장확대의 효과는 동일하게 기대할 수 있어 국제간 경제통합 가운데 가장 널리 선호되고 있는 통합 형태이다.

특히 FTA에서는 관세동맹이나 공동시장 등에서는 발생하지 않는 고유의 무역효과인 무역굴절효과와 간접무역굴절 효과가 발생할 수 있다. 무역굴절 현상은 원산지 규정 때문에 사실상 생겨날 수 없으나 간접무역굴절(Indirect Trade Deflection) 현상은 원산지 규정이 있더라도 역내외 가격차가 크면 발생할 수도 있다. 이 효과는 역내 저관세국이 자국 제품은 역내 고관세국으로 수출하고 자국내 공급 부족은 역외에서 저관세로 수입하여 충당하는 현상을 의미한다. 이러한 간접무역굴절 효과는 회원국간 대역외 관세 차이로 인해 발생하는 현상이므로 대외공통관세가 부과되는 관세동맹이나 공동시장 등에서는 일어나지 않는다. 이러한 무역효과로 인해 FTA는 다른 경제통합 형태에 비해 역외국에 대해 수입루트를 열어 두는 개방적 지역주의의 속성을 어느 정도 유지할 수 있게 된다. 오늘날 FTA를 통한 지역주의의 확산이 개방적 지역주의를 주장하고 있는 것도 이론적으로는 이러한 FTA의 간접무역굴절 효과에 그 일단의 근거를 두고 있다.

그 외에도 FTA 결성으로 관세 및 비관세 장벽이 제거되면 국제간 경쟁이 격화되어 장기적으로는 기술혁신이 촉진되며, 역내시장을 겨냥한 새로운 투자가 생겨나게 된다. 역내시장에서 새로운 사업기회를 확보하기 위한 투자뿐만 아니라 확대된 역내시장을 안정적으로 확보하기 위해 역외에서 역내로 진출하고자 하는 투자도 늘어나게 된다. 이러한 투자유발효과도 FTA를 선호하게 하는 한 요인이 될 수 있다.

무엇보다 세계 각국이 지역통합의 손쉬운 방법으로 FTA를 선호하고 있는 이유로는 다음과 같은 현실적 장점이 있기 때문이다. 첫째, FTA에서는 대외공통관세 부담이 없으므로 제3국에 대한 관세를 자유롭게 부과할 수 있고, 간접무역굴절 효과로 인해 다른 통합 형태에 비해 역외국과의 무역을 비교적 개방적으로 유지할 수 있다. 둘째, 취약부문에 대해서는 상당한 기간 동안 개방 유예기간을 둘 수 있으므로 비교열위 산업에 대한 대내 협상이 비교적 용이하며 국내산업의 구조조정에 필요한 시간적 여유를 가질 수 있다.

5. 지역무역협정의 확산과 FTA 선호 추세

이러한 무역환경의 변화와 자유무역협정의 다자주의 보완 기능으로 인해 1990년대 이후부터는 FTA를 중심으로 하는 지역별 무역협정이 급속히 확산되어 오고 있다. 특히 WTO가 발족한 1995년 이후부터는 지역별 무역협정이 급속히 증가함으로써 다자주의 틀 속에서 지역주의가 확대되는 소위 다자주의와 지역주의의 양립시대를 맞이하고 있음을 볼 수 있다. [표 1-1]에서 보는 바와 같이 2014년 7월 말 현재 지역무역협정(RTA: Regional Trade Agreement)은 383건에 이르고 있으며, 이 가운데 87%인 333건이 1995년 WTO 출범 이후 발효된 것으로 나타나고 있다. 1958~1994년 사이의 누적 건수 50건(13%)의 6.7배에 해당하는 수치이다.

[표 1-1] 시기별 RTA 발효건수(2014년 7월 말 현재)

연도	1958-1994	1995-2000	2001-2005	2006-2010	2011-2014	계
발효건수	50	49	82	127	75	383
비중(%)	13	12.8	21.4	33.2	19.6	100
비중(%)	13	87				100

자료: WTO(www.wto.org)

[표 1-2] 유형별 RTA 발효건수(2014년 7월 말 현재)

구분	FTA	관세동맹	개도국간 협정	서비스협정	계
건수	221	26	15	121	383
비중(%)	58	7	4	31	100

자료: WTO(www.wto.org)

지역통합의 유형별로는 RTA 가운데 체약 당사국간 상품무역자유화를 주요 내용으로 하는 FTA가 가장 많은 비중을 차지하고 있으며, 그 다음이 서비스협정으로 나타나고 있다. [표 1-2]에서 보는 바와 같이 2014년까지의 무역협정 383건 가운데 FTA는 총 221건으로 전체 RTA의 58%를 차지하고 있고, 일반적으로 FTA와 함께 체결되는 서비스 협정은 121건으로 전체의 31%를 차지하고 있다. 이에 비해 역외 공통관세를 부과하는 관세동맹은 26건(7%), 일부 품목의 부분적인 개방 등을 주된 내용으로 하는 개도국간 협정은 15건(4%)에 그치고 있다.

위 구분 가운데 자유무역협정과 관세동맹은 상품무역협정으로 볼 수 있으므로 양 협정의 비중이 전체의 약 65%를 차지하고 있음을 알 수 있다. 이에 비하면 GATS 제5조에 의거한 서비스무역협정과 개도국간 특혜협정(PSA: Partial Scope Agreement)이 전체에서 차지하는 비중은 35%에 불과하므로 현재까지 지역별 무역협정은 상품무역협정이 주류를 이루고 있다고 말할 수 있겠다.

ECONOMICS

제2장 ▸ FTA의 경제이론

제1절 ▸ 경제통합의 개념, 의의 및 형태

1. 경제통합의 개념

경제통합(economic integration)은 동맹국 상호간의 내부 결속성과 비동맹국에 대한 차별의 정도에 따라 그 형태가 다양하게 나타날 수 있으며, 경제통합이 결성되는 시대적 상황, 목적 등에 따라서도 다르게 정의할 수 있다. 그러나 오늘날 전개되고 있는 경제통합 현상을 종합해 볼 때 국제간 경제통합은 '지리적으로 인접한 국가 혹은 경제적으로 공동의 이해관계에 있는 국가간에 동맹을 결성하여 동맹국 상호간에는 무역의 자유화를 꾀하고, 비동맹국에 대하여는 무역상의 차별조치를 취하는 국제간 경제협력 조직'으로 정의할 수 있다.

2. 경제통합의 의의

경제통합은 위에서 정의한 바와 같이 가맹국간에는 관세 및 기타 무역장벽을 제거함으로써 자유무역의 이익을 추구하고자 하는 국제간 시장통합 조치라 할 수 있다. 이러한 경제통합은 현실세계에서 어떠한 정책적 의의를 가질 수 있는가? 이론적 측면에서는 세계 전체의 자유무역이 최적 자원배분을 가져오고 세계 후생을 극대화하는 길이다. 그러나 세계 전체의 완전한 자유무역은 정치, 문화, 사회, 경제적 요인들로 인해 실현하기도 어렵고 현실적으로 그것이 실현된 적도 없다. 오히려 현실 세계에서는 국별 보호정책으로 인해 세계시장이 국가 단위로 분할되어 있는 것이 현실이다. 이러한 현실세계 속에서 경제통합은 첫째, 시장확대의 경제적 이익을 도모할 수 있다는 점에서 그 의의가 있다. 즉 경제통합은 시장규모의 확대를 통해 경제적 이익(규모의 경제 등)과 자유무역의 이익(자원배분의 효율성 등)을 동시에 추구함으로써 경제적 이상주의에 접근하는 수단으로 평가될 수 있다.

그러나 경제통합은 비가맹국에 대한 무역상의 차별조치를 수반하게 되므로 세계 전체의 입장에서 볼 때에는 역외 차별화에 따르는 자원배분의 비효율성을 수반하게 된다. 하지만 경제통합으로 인한 경제적 이익이 대역외 차별화로 인한 손실을 보상하고도 남음이 있다면 이것은 세계 전체의 후생 증대에 기여하는 조치가 될 수 있다. 그리고 규범적 측면에서 볼 때 경제통합은 국경의 제거로 인한 민족주의의 후퇴현상이라기보다는 오히려 이익공동체의 영역을 확대함으로써 통합체 전체의 후생 증진에 접근해 가는 적극적 정책수단으로 평가될 수 있기 때문에 지역통합에 대한 현실적 유인은 큰 것이라 할 수 있다.

둘째, 개방과 보호의 절충수단으로 활용될 수 있다. 세계화가 전개되고 있는 현실 세계 속에서 세계 각국은 대외적으로는 세계화 추세에 따라 개방과 자유화의 압력을 받고 있으며, 대내적으로는 국내산업의 보호에 대한 압력을 동시에 받고 있다. 이때 개방과 보호라는 서로 다른 정책 요구를 동시에 수용할 수 있는 절충 수단으로 지역규모의 경제통합 정책을 선택할 수 있다. 경제적 이해가 같은 국가간에는 시장을 상호 개방하고 경쟁여건이 불리한 국가에 대해서는 차별화함으로써 선택적 개방정책을 취할 수 있다.

셋째, 개방적 지역주의를 통해 세계적 무역자유화에 접근할 수 있는 수단이 될 수 있다. 과거 GATT 체제 아래에서는 다자주의원칙에 입각하여 여러 차례에 걸친 다자간 무역자유화 협상을 전개해 왔다. 그러나 다자간 무역협상은 다수의 무역국이 동시에 참여하는 데 따르는 협상의 비효율성과 무임승차 유인으로 인해 충분한 성과를 거두지 못해 왔던 것이 지금까지의 경험이다. 하지만 지역통합이 배타적 블록 경제권으로 발전하지 않고 개방적 지역주의를 지향해 간다면 지역통합체간의 무역자유화 협상 또는 지역간 무역협정을 통해 세계적 규모의 무역자유화에도 용이하게 접근해 갈 수 있을 것이다. 또한 경제통합체 내에서는 역내 자유무역에 대한 무임승차가 용인되지 않는 만큼 다자간 무역협상에서 발생하는 무임승차 유인을 억제할 수 있는 장점이 있다. 이러한 점에서 오늘날과 같은 경제통합은 세계 전체의 무역자유화를 저해하기보다는 오히려 그것에 접근할 수 있는 하나의 디딤돌 역할을 할 수 있다.

3. 경제통합의 형태

B. Balassa는 경제통합을 내부결속의 정도와 진행과정에 따라 다섯 단계로 구분하고 있다. Balassa의 경제통합 5단계 분류는 지금까지 경제통합 연구에서 가장 널리 이용되어 온 분류 기준이다. Balassa 분류의 각 단계는 다음 단계로 이행해 가는 동태적 과정인 동시에 그 자체가 하나의

경제통합 형태로 간주될 수 있다. 이에 대해 간단히 살펴보기로 하자.

(1) 자유무역지역

자유무역지역(free trade area)이란 통합에 참가한 각 가맹국 상호간에는 상품이동에 대한 무역제한 조치를 철폐하여 역내에서는 자유무역을 보장하는 한편, 역외의 비가맹국에 대해서는 각국이 독자적인 관세정책을 취하는 경제통합을 의미한다. 자유무역지역을 형성하기 위한 국제간 무역협정을 자유무역협정(FTA: Free Trade Agreement)이라 한다.

자유무역지역에서는 역내 저관세국을 통해 수입된 상품이 다른 고관세국으로 재수출될 가능성이 있는데, 이 경우 각 가맹국의 관세정책에 많은 혼란이 일어나게 된다. 이러한 국별 관세정책상의 혼란을 예방하기 위해 자유무역협정에서는 원산지 규정(rule of origin)과 같은 공동의 시장운영규칙을 도입하게 된다. 자유무역지역의 예로는 유럽자유무역지역(EFTA)과 북미자유무역협정(NAFTA) 등을 들 수 있다.

(2) 관세동맹

관세동맹(customs union)은 자유무역지역에서 한 걸음 더 나아가 대역외 공통관세(common external tariff)를 설정하는 형태의 경제통합을 말한다. 즉 가맹국 상호간에는 상품의 자유이동이 보장되는 한편, 역외 비가맹국으로부터의 수입에 대해서는 모든 회원국이 공통의 수입관세를 부과하는 형태의 통합이다. 역사적으로 볼 때 19세기 중엽 독일의 졸페라인이 관세동맹의 효시가 되고 있으며, 제2차 세계대전 후에는 베네룩스 관세동맹을 위시하여 아프리카지역에서의 경제통합이 주로 관세동맹의 형태로 결성되어 왔다.

1958년 발족한 유럽경제공동체(EEC)는 1967년에 관세동맹을 완성하였다.

(3) 공동시장

공동시장(common market)은 관세동맹이 더 발전하여 역내 국가간 생산요소의 자유이동이 보장되는 형태의 경제통합을 의미한다. 즉 가맹국 상호간에는 재화뿐만 아니라 노동, 자본과 같은 생산요소의 자유이동이 보장되며 역외 비가맹국에 대해서는 모든 회원국이 공통관세를 부과하는 통합형태이다. 이러한 통합의 형태로는 중앙아메리카 공동시장(CACM), 카리브공동시장(CCM), 남미 남부공동시장(MERCOSUR) 등이 있다. 유럽공동체(EC)의 경우 1970년대 이후부터 공동시장에 접근하는 통합정책을 추진해 왔으며, 완전한 역내시장 통합은 1992년에 이루어졌다. 1992년 말 이후 EC 내에서는 회원국 간에 존재해 왔던 물리적·기술적 장벽 및 재정적 장벽이 제거됨으로써 역내시장이 완전한 단일시장으로 통합되었다.

(4) 경제동맹

경제동맹(economic union)은 공동시장을 더욱 발전시킨 형태로서 회원국간 상품 및 생산요소의 자유이동과 대역외 공통관세 외에도 가맹국 상호간 경제정책의 조정과 조화가 이루어지고, 더 나아가서는 다양한 분야에서 공동체 차원의 공동정책이 수행되는 통합 형태를 지칭한다. 1929년 이후 벨기에-룩셈부르크 경제동맹이 그 대표적 예이며, 현재 유럽연합(EU)도 이러한 단계에 접어들고 있다. EU의 경우 대외공통관세와 공동통상정책을 쓰고 있으므로 GATT/WTO에서는 유럽위원회 대표의 발언이 EU의 공식 의견으로 기록된다. 따라서 개별 회원국의 경우 WTO에서 발언할 수는 있지만,

이것이 EU의 공식 의견으로 기록되지는 않는다.

경제동맹의 단계에 이르게 되면 여러 가지의 공동정책 가운데 역내 거래의 효율성을 높이기 위해 회원국의 통화통합이 우선적으로 취해질 수 있다. 그로 인해 경제동맹은 이따금 경제통화동맹(economic and monetary union)으로 분류되기도 한다.

(5) 완전한 경제통합

완전한 경제통합(complete economic union)은 가맹국 상호간에 초국가적 기구를 설치하고, 그 기구로 하여금 각 가맹국의 사회·경제정책을 조정, 통합, 관리하는 형태의 통합을 의미한다. 이는 경제통합의 형태 중 가장 완벽한 형태의 통합유형이며, 각국은 사실상 하나의 단일경제로 통합되는 것을 전제로 하고 있다. 그러나 재정·통화정책을 위시한 공동의 경제정책을 수행하기 위해서는 국가 고유의 경제적 주권이 초국가적인 기구로 이양되어야 하는 문제점이 따른다. 따라서 완전한 경제통합은 각국의 국가 주권이 포기되고 하나의 단일 국가로 통합될 때 실현 가능하며, 그러한 의미에서 완전한 경제통합은 정치적 통합을 동시에 요구하고 있는 것이라 할 수 있다. Balassa의 분류 중 마지막 단계인 완전한 경제통합 단계는 사실상 정치적 통합을 내포한 개념으로 사용되고 있다. 미합중국(USA: United States of America)이나 구(舊) 소비에트 연방 공화국(USSR: Union of Soviet Socialist Republics)이 여기에 해당될 수 있다.

4. 경제통합의 한 유형으로서의 FTA

위의 구분에서와 같이 오늘날의 지역통합은 대개 자유무역지역, 관세동맹, 공동시장 혹은 경제동맹 중 한 형태를 취하고 있다. 그 가운데 자유무역지역(FTA: Free Trade Area)은 대외공통관세가 없고 역외 국가에 대해 독자적인 관세를 부과할 수 있기 때문에 국제간 경제통합 가운데 가장 널리 선호되고 있는 통합 형태이다. 자유무역지역이란 동맹 당사국간에는 관세, 수량제한과 같은 무역장벽을 철폐하여 무역을 자유화하고 역외 국가에 대해서는 개별 회원국이 독자적으로 무역정책(관세정책)을 실시하는 지역통합을 의미한다. 따라서 자유무역지역은 다음과 같은 두 가지 측면에서 다른 형태의 경제통합과 차이가 있다.

첫째, 각 가맹국은 역외 지역으로부터의 수입에 대해 독자적인 수입관세를 부과한다.

둘째, 자유무역 대상 품목이 역내에서 생산되거나 주요 생산공정이 역내에서 이루어진다는 점을 밝히기 위한 원산지 규정(rule of origin)이 수반된다.

자유무역지역은 이 두 가지 조건으로 인해 관세동맹이나 공동시장이 가지는 무역창출, 무역전환효과 외에도 무역굴절, 간접무역굴절 현상과 같은 FTA만의 고유한 무역효과를 가지고 있다.

제2절 ▸ FTA의 정태적 무역효과

1. 무역굴절과 간접무역굴절의 효과

(1) 무역굴절효과

자유무역지역이 형성되면 역내 국가들 간에는 관세가 철폐되지만 역외로부터의 수입에 대해서는 회원국에 따라 관세가 다르게 적용된다. 이러한 역내외 관세율의 차이를 이용하여 역외 제품이 먼저 역내 저관세국으로 수입된 다음, 이 제품이 다시 역내 무관세를 이용하여 고관세국으로 반출되는 현상이 일어날 수 있다. 이렇듯 역외 제품이 역내 저관세국을 경유해 고관세국으로 수입되는 현상을 무역굴절효과(trade deflection effect)라 한다.

이러한 FTA의 무역굴절현상은 일반적으로 학계에서 사용하고 있는 우회무역(우회수입, 우회수출)과는 엄밀한 의미에서 차이가 있다. 일반적으로 우회무역은 한국의 상품이 중국을 경유하여 북한으로 수출되거나, 과거 일본 상품이 홍콩을 경유하여 중국으로 수출되었던 현상 또는 일국의 제품이 특정국의 보세가공구역을 거쳐 제3국으로 다시 수출되는 현상을 지칭한다. 이때 수출국과 수입국 간에는 어떠한 특혜무역협정도 존재하지 않으며 오히려 정치적·경제적 국경장벽이 작용하여 이를 회피하기 위한 수단으로 제3국을 경유하는 간접무역 방식을 선택하게 된다. 이에 비해 FTA로 인한 무역굴절은 수출입 당사국간에 관세상의 특혜가 공여되고 역내 무역의 자유화가 진행되고 있음에도 불구하고 역외 국가로부터의 수입에 대해 회원국간의 관세차이가 존재함으로써 생겨나는 간접무역 방식이다. 따라서 양자간에는 간접무역 방식의 동기나 조건 등에서 차이가 있으며 원산지 규정의 영향도 서로 다르게 받게 된다는 점에서 기능적 차이가 있다. 즉 일반적인 우회무역은 원산지 규정이 적용되더라도 무역이 일어날 수 있으나 FTA의 무역굴절은 원산지 증명이 요구되면 더 이상 생겨날 수 없다.

어쨌든 이러한 무역굴절현상이 발생하면 역내 고관세국은 역외에 대한 고관세 부과의 효과가 없어지게 되므로 원산지 규정의 도입을 통해 이러한 효과를 제거하고자 한다. 원산지 규정이 도입되면 역외제품과 역내제품의 구별이 가능하고, 이에 따라 역외제품은 비록 그것이 역내 저관세국을 통해 수입되더라도 고관세국으로 재유입될 경우에는 추가관세가 부과되기 때문에 무역굴절효과는 발생하지 않게 된다.

(2) 간접무역굴절효과

다른 한편 자유무역지역 내에서 저관세국의 생산자가 자국 제품을 모두 고관세국의 동맹국에 수출하고 자국에 필요한 제품은 저관세제도를 이용하여 역외에서 수입하여 공급하는 현상이 생겨날 수 있다. 이러한 현상을 자유무역지역의 간접무역굴절효과(indirect trade deflection effect)라 한다. 간접무역굴절 현상은 역내에서 유리한 생산조건을 가진 동맹국이 자국 제품은 역내로 수출하고 자국이 필요한 제품은 자국의 관세 기준에 의해 역외에서 수입하는 현상이므로 원산지 규정이 도입되더라도 제거되지 않는 무역효과이다. 이러한 간접무역굴절효과로 인해 자유무역지역은 동맹 전체의 입장에서 볼 때 역외 제국과의 무역은 유지하면서 역내 무역을 확대시킬 수 있는 장점을 가지게 된다. 무역굴절효과와 간접무역굴절효과는 회원국이 역외국에 대하여 부과하는 관세율이 다르기 때문에 생겨나는 현상이므로 자유무역지역에서만 나타나는 무역효과이다.

2. 무역창출, 무역전환 및 무역확대의 효과

자유무역지역이 결성되면 동맹국에 대해서는 관세가 철폐되지만 역외 비가맹국에 대해서는 각국이 여전히 수입관세를 부과하게 되므로 역내국과 역외국 간에는 관세상의 차별이 불가피하게 나타난다. 이러한 관세상의 차별대우로 인해 자유무역지역에서도 다른 형태의 경제통합에서 일반적으로 나타나는 무역창출, 무역전환 및 무역확대효과가 발생하게 된다.

(1) 무역창출효과

자유무역협정에 의해 동맹국 상호간에 관세가 철폐되면 종전까지 비교우위의 상태에 있었음에도 관세장벽 때문에 역내에서 교역되지 않았던 상품이 다시 유통되기 시작한다. 이렇듯 역내관세 철폐로 인해 동맹국간에 새로운 무역이 생겨나는 현상을 무역창출효과(trade creation effect)라 한다. 역내관세가 철폐되면 보호를 받고 있던 자국 생산이 가장 낮은 생산비로 생산하는 동맹국 생산으로 대체되며 그로 인해 역내 제국간에는 새로운 무역이 발생하게 된다. 이러한 무역창출은 동맹국 전체의 입장에서 볼 때 자원의 최적배분을 가져오며 세계 전체의 후생 증대에도 기여하게 된다.

무역창출은 바이너(J. Viner)가 관세동맹의 생산효과를 분석하면서 경제이론에 처음 도입한 개념이다. 이로 인해 경제통합이론에서 Viner의 무역창출은 일반적으로 자원배분의 효율성을 높일 수 있는 생산면에서의 무역효과 ― 고비용 생산자에서 저비용 생산자로의 공급원이 이동하는 현상 ― 를 지칭하고 있다.

(2) 무역전환효과

자유무역협정이 체결되면 역내관세는 철폐되지만 역외 제국에 대해서는 각국이 종전과 같은 관세를 부과하게 되므로 역내외 제국간에는 관세상의 차별대우가 나타나게 된다. 이러한 관세상의 차별대우로 인해 동맹 전에는 역외에서 수입되던 제품이 동맹 결성 후에는 역내 동맹국에서 수입되는 현상이 발생할 수 있다. 이와 같이 관세상의 차별 대우로 인해 생겨나는 수입원의 전환을 무역전환효과(trade diversion effect)라 한다. 무역전환은 역외지역의 저생산비 공급자 대신 상대적으로 고비용을 가진 역내 생산자가 역내외 관세 차이를 이용하여 역내 제국에 수출하는 현상이므로 세계 전체의 입장에서는 자원배분의 효율성을 저하시키고 후생 수준을 감소시키는 원인이 된다. 이로 인해 경제통합의 경제적 효과를 분석할 경우 무역창출은 세계 전체의 무역자유화와 후생 증진에 긍정적 효과를 주는 반면, 무역전환은 무역흐름을 왜곡시키고 세계 후생에 부정적 영향을 미치는 것으로 평가되고 있다.

(3) 무역확대효과

자유무역협정이 개시되어 역내관세가 철폐되면 동맹국에서 수입된 제품의 가격은 관세폭만큼 하락하게 된다. 그로 인해 국내에서는 가격하락으로 인한 소비 증대가 일어나며 소비가 증대되는 만큼 수입도 늘어나게 된다. 이와 같이 동맹 결성 이후 가격하락과 소비증대로 인한 수입의 증대를 무역확대효과(trade expansion effect)라 한다. 이 경우 역내관세 철폐로 인한 소비증대는 자국 생산의 증대에 의해서가 아니라 저비용으로 생산하는 동맹국 제품의 수입으로 충족하게 되므로 동맹 내에서는 새로운 무역을 창출시키는 효과를 가진다. 따라서 소비 면에서 발생하는 이러한 무역확대효과도 자유무역지역의 무역창출효과라 할 수 있다. 학자에 따라서는 생산 면에서의 무역창출과 소비증대로 인한 무역확대를 합하여 총무역창출효과(gross trade creation)라 지칭하기도 한다.

3. 투자유발효과

자유무역지역이 형성되면 역내시장을 겨냥한 새로운 투자가 생겨나게 된다. 여기에는 역내시장에서 새로운 사업기회를 확보하려는 역내기업의 투자뿐만 아니라 확대된 역내시장을 안정적으로 확보하기 위해 역내로 진출하고자 하는 역외 기업의 투자가 포함된다. 역내시장 확대로 유발되는 이러한 투자증대효과를 투자창출효과(investment creation effect)라 한다. 그러나 역외로부터의 투자유입 가운데 일부는 제3국에 투자되어 있던 자본이 자유무역지역의 대시장을 확보하기 위해 역내시장으로 이전되어 올 수 있다. 제3국에 투자되어 있던 자본이 동맹 결성 지역으로 다시 이전되는 현상을 투자전환효과(investment diversion effect)라 한다. 투자창출효과는 순투자의 증대이므로 소득과 성장 촉진효과를 가질 수 있으나 투자전환효과는 역외 투자의 감소를 통해 역내 투자의 증가를 가져오므로 세계 전체로는 후생증감이 분명치 않게 된다.

국제간 결합생산이 늘어나고 있는 현재의 국제분업 추세에서 볼 때 FTA 결성으로 역내 거래장벽이 철폐되고 거래 비용이 낮아지면 역내 국가간에는 수직적 FDI가 증가할 것으로 기대된다. FDI 가운데 특히 아웃소싱을 위한 수직적 FDI는 생산 비용을 절감하기 위해 생산 단계별로 생산기지를 다른 국가에 두는 것을 말한다. 이를 통해 생산된 제품은 본국으로 재수입되기 때문에 이러한 FDI는 역내 무역자유화와 보완 관계 속에서 일어나게 된다. 즉 FTA가 결성되면 역내 무역자유화를 통해 역내시장이 통합되고 이로 인해 역내 투자가 촉진되며, 역내 투자를 통한 생산의 국제적 결합은 다시 역내 무역을 결합시키는 작용을 하게 된다.

역외 국가의 입장에서 볼 때 종전에는 개별 국가의 시장조건에 따라 제품을 직접 수출해 왔으나 FTA 이후에는 각 국가별로 관세를 지불하면서 수출하는 것보다는 역내 국가에 생산 기지를 마련하여 현지에서 생산된 제품을 역내시장에 무관세로 판매하는 것이 유리하게 된다. 따라서 역외 기업은 역내의 대시장뿐만 아니라 역내시장으로의 진입장벽을 회피하기 위해 통합된 시장으로의 투자유인을 가지게 된다. 이러한 투자유인에 의한 FTA 지역으로의 투자는 신규투자(투자창출)일 수도 있으며, 이미 제3국에 투자되어 있던 자본을 FTA지역으로 이전시키는 투자(투자전환)일 수도 있다. 투자창출이든 투자전환이든 동맹 전체로 볼 때는 역내시장으로의 투자가 늘어나는 것이므로 동맹 전체의 경제성장을 촉진하는 요인이 될 수 있다.

제3절 ▸ FTA의 정책효과: 경쟁력 격차가 있는 경우

다음은 경쟁력에 차이가 있는 동맹 당사자 입장에서 본 자유무역지역의 경제적 효과를 살펴보기로 하자. 경쟁력 격차가 있는 경우의 무역효과는 현실적으로 각국이 FTA 대상국을 선정하거나 FTA 협상을 전개할 경우 상호 협력의 과제를 설정하는 데 필요한 정책입안의 기준을 제시해 줄 수 있다는 점에서 FTA의 정책효과로 볼 수 있다.

[그림 2-1]은 P국과 H국의 X재에 대한 수요, 공급조건을 각각 나타내고 있으며, OW는 세계 공급가격을 나타낸다. 양국이 시장을 통합하기 전 P국은 비교적 낮은 관세 WT_P를 부과하고 있으며 관세포함가격은 OT_P이다.

H국은 높은 수준의 관세 WT_H를 부과하고 있으며 관세포함 국내가격은 OT_H이다. 동맹 결성 이후에는 이 OT_P 가격이 역내 공급 가격이 된다고 하자. 그림에서는 H국과 P국이 유사한 수요조건을 가지는 반면, 생산 면에서는 P국이 H국보다 더 효율적이고 생산조건이 유리하며 따라서 P국의 공급곡선은 H국보다 탄력성이 크다는 것을 전제로 하고 있다.

자유무역지역이 형성되기 전 P국은 OT_P의 가격하에서 OM만큼 생산하여 소비하며 WT_P의 관세 수준 아래서 수입은 일어나지 않게 된다. H국에서는 WT_H의 관세부과로 인해 OL만큼 국내에서 생산하고 ON만큼 소비하므로 LN만큼 관세를 부담하고 수입하게 된다. 빗금친 사변형 β는 관세수입의 크기를 나타낸다. 여기서 양국이 자유무역지역을 형성하여 역내 가격수준이 OT_P로 된다면 역내 공급($OM+OL'$)은 역내 수요($OM+ON'$)보다 부족하게 된다. 그 부족분 $L'N'$는 OT_P 가격수준에서 P국이 공급할 수 있는 공급여력보다 작다($L''M=L'N'$으로 작도되어 있음). 자유무역지역의 형성으로 P국은 T_P의 가격으로 H국의 수요량 $L'N'(L''M)$만큼을 H국에 수출하고, 잔여 OL''만큼은 자국 내 시장에 공급하게 된다. P국내의 공급부족분 $L''M$은 역외로부터 OW의 가격으로 수입(관세포함 국내공급가격은 OT_P)하게 되므로 간접무역굴절 현상이 나타나게 되며 동시에 자유무역지역 내에서는 결국 단일 균형가격(역내 저관세국의 동맹 전 가격 OT_P)이 유지될 수 있는 것이다. 그러나 동맹 결성 후 H국의 수요가 급증하여 P국으로부터의 수입이 늘어날 경우, P국 생산자는 단기적으로 T_P 이상의 가격으로 H국에 공급하고 자국 내 공급부족분은 세계시장에서 수입하여 OT_P의 가격으로 공급할 수 있을 것이다. 이 경우 동맹 내에서는 일시적으로 단일가격이 유지되지 않을 수 있다. 그러나 장기적으로는 양국간 수급조

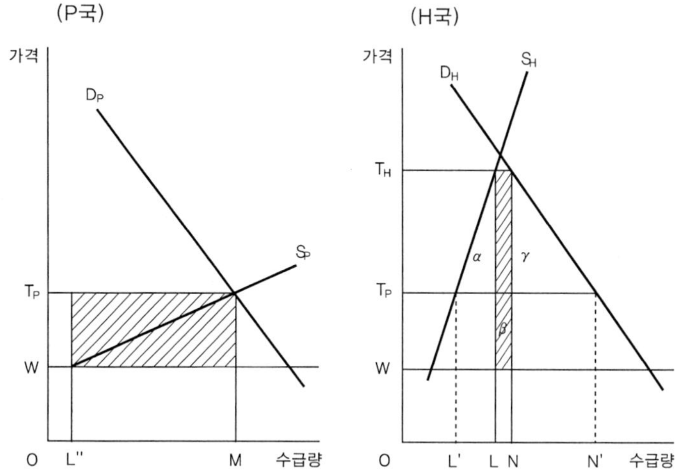

[그림 2-1] 자유무역지역의 무역효과

절이 이루어질 수 있는 수준에서 단일가격이 유지되게 된다.

여기서 자유무역지역의 형성으로 인한 당사국의 경제적 성과를 살펴보면 다음과 같다. 우선 H국의 경우를 보자. 생산효과 α(Viner의 무역창출효과)와 소비효과 γ로 구성되는 무역창출효과가 무역전환효과 β(관세 수입의 상실분 가운데 소비후생 증가로 상쇄되지 않은 아래사변형 부분)보다 더 크게 나타나고 있다면, H국의 후생은 자유무역지역 결성으로 개선될 것이다. 그렇지 않으면 H국은 후생 면에서 손실이 될 수도 있다. 다만 이 경우의 손실이 P국의 이익으로 다시 보상되는 분배 메커니즘을 가진다면 H국도 이익을 얻을 수 있고 통합은 유지될 수 있을 것이다.

P국에서는 종전과 같은 가격으로 같은 양을 생산하여 소비하게 되는 반면, 빗금 친 사변형 크기만큼 정부의 관세 수입이 증대되었다. 이것은 P국의 국민소득 형성에 플러스요인이 되는 것이다. P국은 별도의 후생 손실 없이

빗금 친 크기만큼의 수입이 늘어났으므로 시장통합을 통한 순이익을 향유할 수 있는 위치에 있다. 역내시장을 지배할 수 있는 국가의 프리미엄이 이러한 이익을 가져다주고 있다.

따라서 경쟁력이 상이한 두 국가가 FTA를 결성할 경우 H국에 해당하는 국가는 통합에 소극적이거나 신중한 입장을 취할 것이고 P국에 해당하는 국가는 통합을 통한 경제적 이익을 확실하게 보장받을 수 있으므로 통합에 적극적 입장을 취하게 될 것이다. 한국의 경험에서 볼 때 칠레, 미국 등과의 FTA에서 한국 농업은 H국의 입장에 있으므로 국내 농민들은 통합을 반대해 온 것이다. 그러나 한·일 FTA에서는 한국이 P국의 입장에 서게 되므로 국내 농민은 오히려 양국간 시장통합을 찬성하게 될 것이다.

역외 공급자의 경우에는 동맹지역으로의 수출을 증대하여 이익을 얻을 수 있었다. P국이 H국의 수요를 충족시키기 위해 자국 생산품을 H국에 공급한 반면, 자국 내 수요($L''M$만큼)는 역외로부터의 수입으로 충당하였기 때문이다. 이와 같이 자유무역지역은 동맹 당사국은 물론 역외 제국에 대해서도 그 경제적 후생을 개선시키는 효과를 가질 수 있다.

제4절 ▸ FTA의 동태적 효과

1. 규모의 경제에 의한 수출 증대와 경제성장

FTA를 통한 시장통합은 시장의 확대에 따르는 규모의 경제를 실현하게 하고 이를 통해 생산비의 절감 및 생산설비의 효율적 이용과 같은 내부경제효과를 발생시킨다. 이러한 내부경제 효과는 통합체 내에서 특화구조 및 비교우위조건의 개선을 유도하여 수출 증대를 통한 경제성장을 가능하게 한다. 시장통합으로 인한 수출 증대와 성장촉진에의 동태적 영향은 다음과 같은 세 단계의 파급과정을 통해 설명될 수 있다.

첫째, 수출 증대는 수출업자의 예상이익을 높여 주고 잠재적 예상수요에 대한 전망을 밝게 함으로써 투자증대를 가져오게 한다. 이에 따라 생산설비의 개선이 일어나고 노동생산성이 증대된다. 이때 임금인상이 노동생산성을 상회하지 않는 한 그 나라의 국제경쟁력이 개선되고 수출은 추가적으로 증대되는 유발효과를 가지게 된다.

둘째, 시장의 확대는 규모의 경제뿐만 아니라 범위의 경제(economies of scope)를 가능하게 함으로써 새로운 경쟁력의 원천으로 작용하게 된다. 즉 시장확대가 이루어지는 경제에서는 기술적 생산단위의 적정화를 통해 생산비의 절감을 가져온다. 나아가서는 생산공정의 연장(우회생산) 및 다양화(제품차별화)와 같은 범위의 경제를 수반함으로써 다양한 시장수요에 대한 적응력과 경쟁력을 확대시켜 준다. 이러한 합리화 과정은 국내산업의 고도화를 촉진하므로 장기적으로는 국내산업뿐만 아니라 역내 국가간에도 산업의 재편성을 유도하는 재편성효과(restructuring effects)를 가지게 된다.

시장확대에 대응한 기업규모의 증대는 자본시장에의 접근(자본조달 비용의 절감)을 용이하게 하고 일차산품 및 중간재 조달상의 비용절감을 가능하게 한다. 또한 공동의 생산조직, 공동의 R&D 전략을 통해 경영관리상의 효율성을 높일 수 있다. 그리고 이러한 효과가 유발되는 산업에서는 외부경제효과가 발생함으로써 개별기업들은 부수적인 혜택을 누릴 수 있다. 이 경우 외부경제효과는 공동체 내에 형성된 효율적인 노동시장, 공동의 연구개발 기구 및 기술이전 과정 등을 통해 확산된다.

끝으로 이러한 여러 가지 효과는 규모의 경제에 관한 학습효과(learning by doing)와 관련되어 나타난다. 즉 생산의 확대는 경험과 지식의 습득을 가능하게 할 뿐만 아니라 통합체 내에서의 문화 및 정보의 흐름을 촉진함으로써 기업의 학습효과는 배가될 수 있다. 이러한 학습효과는 기업의 생산성 향상으로 연결되어 대내적으로는 성장촉진, 대외적으로는 경쟁력구조의 개선으로 나타나는 것이다.

이상과 같은 시장 확대→수출 증대→성장 및 투자 확대→규모의 경제, 범위의 경제→생산성 증대→경쟁력 향상→수출 증대 간의 호순환적 동태성은 [그림 2-2]와 같은 파급과정으로 표시될 수 있다.

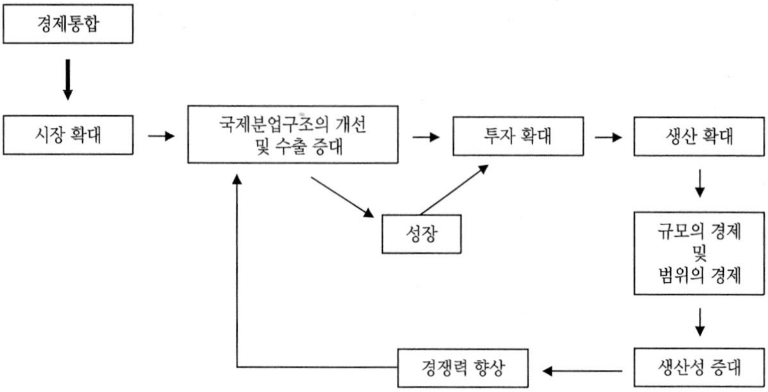

[그림 2-2] 경제통합의 동태적 효과

2. 경쟁촉진에 의한 생산의 합리화

경제통합이 성장에 미치는 동태적 효과로는 이상에서와 같은 규모의 경제효과 외에도 시장확대로 인한 경쟁촉진효과가 있다. 통합으로 인한 국경개방은 역내 기업들 간의 경쟁을 유발함으로써 관련 기업으로 하여금 경영합리화, 기술혁신 및 근대화에 대한 노력을 촉구하게 만든다(경쟁의 냉수마찰효과, the cold shower effect of competition). 이러한 노력은 결국 생산비절감과 자원이용의 효율화를 가져오게 되어 통합체 내의 경제적 이익을 증대시키는 것이다.

경제통합에 의한 국경개방은 역내 회원국들로 하여금 보다 풍부한 시장정보 및 경쟁정보를 가질 수 있는 기회를 제공한다. 그로 인해 역내 국가간에는 폐쇄시장에서의 독점과 같은 비능률적인 생산구조가 개편되고, 확대된 시장조건과 경쟁조건에 적합한 형태로 생산 및 특화구조의 재편성이 일어나게 된다. 이러한 특화구조의 재편성은 비효율적인 수입대체 활동을 억제하고 효율적인 수출공급이 확대되는 방향으로 전개되어 당해국의 경제적 효율성을 증대시킨다.

또한 시장통합으로 역내 특화구조가 산업내무역을 촉진하는 방향으로 개편될 경우에는 산업간 무역의 경우보다 경쟁의 중요성이 더욱 높아지게 된다. 따라서 Leibenstein류의 X-효율성(X-efficiency)이 증대될 수 있다. 즉 경쟁격화에 의한 이윤감소는 기업가로 하여금 경영노력을 배가시키는 소득효과와 여가(혹은 휴식) 증대를 유도하는 대체효과를 동시에 가지고 있다. 일반적으로 수출재와 수입대체재를 동시에 생산하던 일국의 대표적 기업이라면 위에서 지적한 특화구조의 합리적 재편성과정에 잘 적응할 수 있는 기업으로 볼 수 있으므로 이러한 기업들에게는 우수한 경영노력의 이익이 더욱 크게 될 수 있는 것이다.

제5절 ▸ FTA의 편익과 비용

1. FTA의 편익

FTA가 결성되면 회원국 간에는 관세 및 비관세 장벽을 철폐함으로써 시장이 확대되고 그로 인해 무역확대, 투자증가, 성장촉진 등의 경제적 이익이 생기는 반면, 다른 한편으로는 국내 사양산업의 퇴출과 산업구조조정에 따르는 정책비용이 수반된다. 또 산업간 소득격차, 원산지 관리비용의 증가와 같은 비용도 증가하게 된다. FTA로 야기될 수 있는 경제적 편익과 비용을 요약하면 다음과 같다.

(1) 무역확대효과

FTA가 결성되면 회원국 간에는 관세장벽이 제거되기 때문에 역내 무역은 증가한다. 이러한 역내 무역의 증가는 무역창출효과와 무역전환효과에 의해 발생한다. 즉 FTA의 체결로 양국의 무역장벽이 제거되면 지금까지 제3국에서 수입했던 제품을 FTA 당사국으로부터 수입하는 현상이 일어날 수 있다. 이 경우 제3국이 효율적인 생산자임에도 불구하고 역내관세 철폐 때문에 FTA 파트너 국가로 수입원이 바뀌게 된다. 이러한 공급원의 전환이 일어나는 현상을 무역전환효과라 한다. 반면 FTA가 체결되기 이전에는 높은 관세장벽으로 인해 국내에서 생산했던 상품이 FTA의 체결로 관세가 철폐되면 국내생산 대신 FTA 파트너 국가로부터 수입하여 사용하는 경우가 생길 수 있다. 이것을 무역창출효과라 한다. 무역창출은 국내보다 더 유리한 생산조건을 가진 동맹국에서 상품을 수입하는 것이므로 역내뿐 아니라 세계 전체의 입장에서도 자원배분의 효율성이나 후생 증진 면에서 긍정적 효과를 가지고 있다. 무역창출이든 무역전환이든 FTA 당사국간에는 무역이 확대되는 것이므로 동맹 당사국에게는 유리한 무역효과로 나타날 수 있다. 다만 무역전환을 통한 역내 무역확대의 경우 역외국과의 무역은 감소하게 되므로 세계 전체의 입장에서는 바람직하지 않는 무역효과일 수 있다.

이 외에도 자유무역지역에서는 관세동맹이나 공동시장 등에서는 발생하지 않는 고유의 무역효과로 무역굴절효과와 간접무역굴절효과가 발생할 수 있다. 무역굴절현상은 원산지 규정 때문에 사실상 생겨날 수 없으나 간접무역굴절현상은 원산지 규정이 있더라도 역내외 가격차가 크면 발생할 수도 있다.

(2) 경제성장 촉진 효과

FTA 결성으로 관세 및 비관세 장벽이 제거되면 국제간 경쟁이 격화되어 장기적으로는 기술진보, 경영의 합리화, 생산의 효율성 증대와 같은 동태적 효과가 발생한다. 일국 입장에서 볼 때에도 FTA가 체결되면 경쟁력이 약한 산업에서 경쟁력이 높은 산업으로 자원이 이동하여 국가 전체적으로는 자원배분의 효율성이 증진된다. 그리고 자원 배분의 효율성이 향상된다는 것은 곧 국민소득의 증가를 의미하며 이렇게 증가된 소득의 일부는 저축되기 때문에 투자가 증가하고 자본스톡이 증가한다. 투자와 자본스톡의 증가는 다시 국민소득의 상승을 가져오게 되는데, 이를 중기 경제성장효과라고 한다. 또한 오늘날과 같이 경제의 서비스화가 진행되고 지식집약산업의 비중이 높아지고 있는 사회에서는 FTA를 통해 기술 전파가 가속화되고 지식자본의 축적이 이루어지면 장기적인 경제성장효과가 크게 발생할 수 있다. 즉 FTA를 통해 지식자본 또는 인적 자본을 집약적으로 사용하는 산업의 생산이 증가하면, 이 산업에서는 인적 자본과 지식자본에 더 많은 투자를 하게 되고 이에 따라 국가 전체의 인적 자본과 지식자본이 축적되어 장기적인 경제성장효과는 더 크게 발생하게 된다.

(3) 투자증대효과

자유무역지역이 형성되면 역내시장을 겨냥한 새로운 투자가 생겨나게 된다. 여기에는 역내시장에서 새로운 사업기회를 확보하기 위한 역내기업의 투자뿐만 아니라 확대된 역내시장을 안정적으로 확보하기 위해 역내로 진출하고자 하는 역외 기업의 투자가 포함된다. 역내시장 확대로 유발되는 이러한 투자증대효과를 투자창출효과라 한다. 그러나 역외로부터의 투자 유입 가운데 일부는 제3국에 투자되어 있던 자본이 자유무역지역의 대시장을 확보하기 위해 역내시장으로 이전되어 온 것일 수도 있다. 제3국에 투자되어 있던 자본이 동맹 결성 지역으로 다시 이전되는 현상을 투자전환효과라 한다. 투자창출효과는 순투자의 증대이므로 소득과 성장 촉진효과를 가질 수 있으나 투자전환효과는 역외 투자의 감소를 통해 역내 투자의 증가를 가져오므로 세계 전체로는 후생 증감이 분명치 않게 된다.

2. FTA의 비용

FTA의 체결에는 위에서 설명한 바와 같은 경제적 편익만 있는 것이 아니라, 국내산업의 구조조정 또는 역외국의 무역전환적 손실과 같은 정책비용도 수반된다.

(1) 구조조정 및 대내 협상 비용

FTA가 결성되면 국가 전체로는 이익이 되지만, 무역장벽으로 보호받던 비효율적인 산업의 생산은 감소하거나 도태하게 된다. 이로 인해 경쟁력이 약한 산업은 손실을 보게 되고, 국가적으로는 이에 따른 구조조정 비용이 수반된다. 즉 경쟁력이 약하고 비효율적인 산업의 폐쇄에 따른 생산감소, 고용감소 등의 부담이 국가적으로는 FTA의 비용으로 나타나게 된다. 국가적으로는 이들 정리 대상 산업에 고용되어 있는 인력이 효율적인 산업으로 이동할 때까지 일시적으로 실업문제가 발생할 수 있는데, 이러한 구조조정 비용은 통합 전 보호장벽이 높을수록 더 클 것이다. 그리고 FTA 협상 과정에서 국내 사양 산업이나 경쟁력이 취약한 산업 부문의 저항이나 반대가 강할 경우 이들 국내 이해집단을 상대로 하는 대내협상비용(정치적·행정적·시간적 및 경제적 비용)이 수반된다.

그리고 FTA가 발효되면 이에 맞추어 관세법을 위시하여 표준제도와 같이 협정 대상국과의 국제거래에 영향을 주는 법규나 제도를 개편해야 하는데, 이것 또한 FTA의 비용 요인으로 간주할 수 있다.

(2) 국내 산업 및 노동 그룹간 소득 격차

FTA로 무역이 자유화되면 국제경쟁력이 있는 산업과 그렇지 못한 산업 간의 소득 격차가 확대될 수 있다. 그리고 무역자유화 이후 국내산업의 효율성이 증가하면 비숙련 단순 노동의 수요가 감소하여 숙련 노동과 비숙련 노동 사이의 소득 격차가 확대될 수 있다. 인적 자본의 수준이 높은 국가의 경우에는 무역자유화로 인한 기술수준 향상을 비롯한 경제적 이익을 흡수할 수 있겠지만, 그렇지 못한 국가는 무역자유화의 경제적 이익을 거의 누리지 못하게 된다. 또한 숙련 노동이 풍부한 국가에서는 무역자유화로 소득배분이 개선되나, 그렇지 않은 국가에서는 소득배분이 악화될 수 있다.

(3) 스파게티 볼 효과의 발생

FTA의 또 다른 정책 비용으로는 다양한 원산지 규정의 혼재로 인한 관리비용의 증가를 들 수 있다. FTA는 개별 국가간에 체결하는 쌍무적 무역협정이다. 그러므로 개별협정마다 자유화 대상 품목이나 원산지 규정이 서로 다르다. 따라서 FTA 협정 건수가 많으면 많을수록 그에 따른 원산지 규정 조건의 이행이나 관리를 위한 비용이 증가하게 된다. 특히 서로 다른 규정을 가진 여러 개의 FTA 협정이 난립하고 수많은 무역 당사국들이 서로 다른 FTA 협정의 적용을 받고 있다면, 이를 관리하는 행정적·시간적 비용은 기하급수적으로 증가할 수 있다. FTA 규정의 난립으로 인한 관리 비용의 증가 현상을 스파게티 볼 효과(spaghetti bowl effect)라 한다.

(4) 무역전환으로 인한 역외국의 손실

세계 전체의 입장에서 야기되는 FTA의 코스트는 역외국이 입게 될 무역전환적 손실로 나타나게 된다. 이것은 세계 전체의 입장에서 볼 때 자원배분상의 비효율성을 나타낸다. 무역전환이란 역외의 저생산비 공급자가 관세장벽 때문에 역내시장에 수출하지 못하고 역내의 고비용 생산자가 무관세의 혜택으로 역내시장에 수출하는 현상을 의미하므로 생산의 효율성이 높은 역외 생산자가 희생되는 손실을 가져오게 된다.

3. FTA를 선호하는 이유

순수 이론적 시각에서는 범세계적 자유무역이 세계 전체의 후생을 극대화하는 최선의 방책이다. 그러나 현실 세계에서는 세계 전체의 자유무역을 기대하기가 쉽지 않다. 다자간 무역협상을 통해 거기에 접근하더라도 시간이 많이 소요되며, 실질적인 성과는 매우 제한적이다. 따라서 많은 국가들은 세계적 무역자유화에 대한 차선책으로 지역단위의 무역자유화 방안을 선택하게 된다. 지리적으로 제한된 범위 내에서 무역자유화를 위한 지역협정을 체결할 경우 협정 당사국은 역외 제국에 대해 종전과 같은 국별 관세체계를 유지하든지 아니면 공통역외관세를 다시 설정하든지 해야 한다.

공통관세를 도입하는 관세동맹과 국별 관세체계를 유지하는 자유무역지역 가운데 어느 편이 더 바람직한가는 동맹국 입장에서 보는지, 아니면 세계 전체의 입장에서 보는지에 따라 해석이 달라질 수 있다. 그러나 WTO 체제 수립 이후의 국제질서는 개방화·세계화를 지향하고 있으며 GATT/WTO에서 인정하고 있는 지역통합도 세계 전체의 무역자유화를 해치지 않는 범위

내에서 수용되고 있다. 따라서 여기서는 세계 전체의 입장에서 자유무역이 더 선호될 수 있는 이유를 지적해 두고자 한다.

첫째, 자유무역지역에서는 위에서 지적한 바와 같이 관세가 낮은 국가가 자국 제품은 동맹국에 수출하고 자국수요는 역외제품을 수입하여 충족하는 간접무역굴절 효과를 가지고 있다. 이 효과를 통해 동맹지역 내에서는 무역 확대를 도모할 수 있으며 역외 제국에 대해서는 무역의 개방성을 유지할 수 있다. 그러나 관세동맹에서는 공통역외관세로 인해 이러한 역외 개방성은 유지될 수 없다.

둘째, 자유무역지역에서는 역내 고관세국의 실수요제품을 관세가 낮은 국가를 통해 역외로부터 수입하려는 무역굴절 동기가 작용하고 있다. 이러한 동기는 원산지 규정의 도입으로 현실화되기는 어렵다. 하지만 잠재된 무역굴절의 동기가 클수록 고관세국은 관세 인하의 압력을 받게 된다. 따라서 동맹 내 국별 관세 수준은 역내 저관세국 수준으로 하향 조정되는 경향을 가지게 된다. 그러나 관세동맹에서는 공통역외관세를 설정하므로 동맹 전 저관세국의 관세를 오히려 높일 수 있다. GATT 제24조에서는 관세동맹의 경우 공통관세를 동맹 전 개별 회원국 관세의 평균 수준 이상으로 높이지 못하게끔 규정하고 있다. 이에 따라 관세동맹의 공통관세는 동맹 전 국별 관세를 평균한 수준에서 결정되고 있으며, 그로 인해 저관세국의 관세는 오히려 높아지게 된 것이다.

셋째, 자유무역지역에서는 개별 회원국의 무역정책을 비교적 자유롭게 개선해 갈 수 있다. 특히 역외국에 대해서는 독자적인 관세를 부과할 수 있으므로 무역정책상의 자율성을 유지할 수 있다. 그러나 관세동맹에서는 공통역외관세(공동 무역정책)에 묶여 개방 지향적 국가들은 자유화 정책을 실현시키기 어렵다. 그리고 강력한 이익집단의 로비가 있을 경우 역내에서 경쟁력이 약한 생산자를 보호하기 위해 공통관세를 높게 책정할 우려가 있다.

이러한 이유 외에도 FTA에서는 민감부분의 시장개방 유예기간 인정, 다자간 무역협상의 정체, 뜻이 같은 국가간의 우선적 무역자유화라는 현실적 이유가 작용하여 FTA가 널리 선호되고 있다.

제6절 ▸ 자본이동 자유화를 수반하는 FTA의 경제적 효과

오늘날 FTA 협정은 단순한 상품무역의 자유화뿐만 아니라 자본, 서비스의 자유화를 수반하는 포괄적 무역협정의 형태로 이루어지는 경우가 많다. FTA에서 자본자유화를 포함할 경우 그 경제적 효과는 자본시장을 통합하는 공동시장과 같은 형태의 경제적 효과를 가져올 수 있다. 물론 공동시장에서는 대외공통관세가 있으므로 그것이 없는 FTA와는 시장 여건에 차이가 있으나 여기에서는 이론을 단순화하기 위해 다른 여건은 동일하다고 보고 역내 자본이동이 자유화되는 경우의 경제적 효과만을 살펴보기로 하자. 여기서 설명하는 자본이동 자유화의 효과는 FTA뿐만 아니라 공동시장과 같은 자본시장 통합이 이루어지는 모든 경제통합에 공동으로 적용될 수 있다. 자본 이동을 수반하는 FTA의 경우에는 FTA의 일반적 무역효과에 더하여 다음과 같은 자본 이동의 추가적 이익을 기대해 볼 수 있는 것으로 해석할 수 있다.

지금 H국과 P국이 자본자유화를 포함하는 자유무역협정 체결하고 있으며 동맹 전까지 양국 간에는 요소이동의 장애요인이 작용하고 있다고 하자.

그리고 H국과 P국 간에 결성된 동맹 내에서는 양국간 자본의 한계생산력에 차이가 있고 양국에 있어서 요소의 공급은 일정하고 단일의 복합생산물이 생산되고 있는 경우를 상정하자. 또 공동시장 결성 시 제3국과의 자본이동은 금지되며 자본의 보수는 자본의 한계생산물로 표시된다고 하자. 이러한 전제하에서 자본이동으로 인한 FTA의 효과를 부분균형분석에 의해 고찰해 보자.

[그림 2-3]은 H국과 P국의 생산조건을 나타내고 있다. 직선 M_H와 M_P는 각각 H국과 P국의 자본스톡의 크기 및 자본의 한계생산력 수준을 나타내고 있다. 그림에서 노동 및 기타의 생산요소는 일정하다는 것을 전제로 하고 있다.

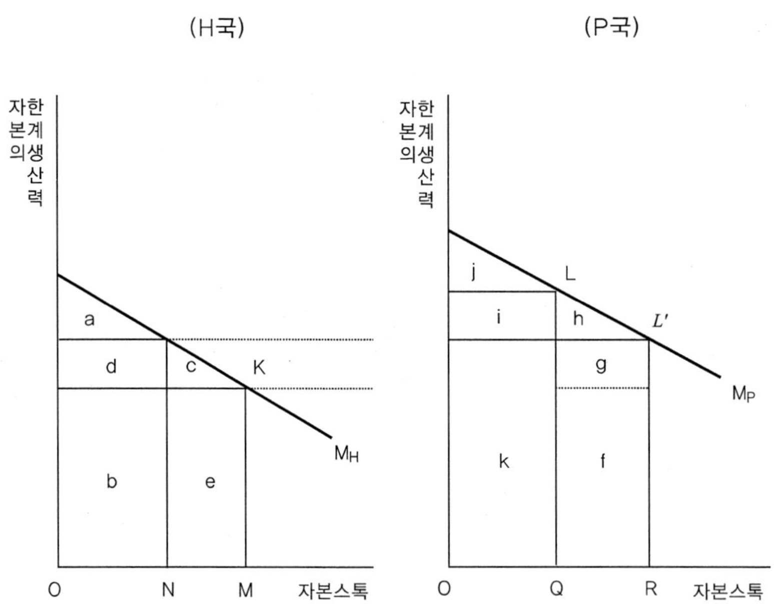

[그림 2-3] 자본시장 통합의 경제적 효과

동맹 초기 단계에서 H국과 P국의 자본스톡은 각각 OM, OQ로 결정되어 있다. 자본자유화 협정 전에는 자본의 국제간 이동이 불가능하므로 OM의 자본스톡은 H국에서, OQ의 자본스톡은 P국에서만 이용된다. 조세가 없고 완전경쟁모델을 상정할 경우 자본의 단위당 이윤은 그 한계생산물의 크기와 같게 된다. 따라서 H국의 경우 총이윤의 크기는 $b+e$가 된다. 총생산물의 크기는 $a+b+c+d+e$로 나타나며 자본이윤의 크기를 제외한 잔여분 $a+c+d$는 노동분배의 몫이 된다. P국의 경우에는 자본에 대한 총이윤이 $i+k$가 되며 노동분배의 몫은 j가 된다.

이러한 경우 양국간에는 자본의 보수가 다르게 나타난다. 자본의 보수는 H국보다 P국이 더 높게 나타나며 따라서 P국은 자본의 생산력 면에서 볼 때 보다 유리한 생산조건을 갖추고 있는 것이다.

이러한 여건하에서 H와 P 양국은 무역협정을 통해 제3국에 대한 자본이동은 제한하는 한편 역내에서의 자본이동은 자유화한다고 하자. 그러면 역내 자본이동의 자유화 조치로 인해 H국의 자본은 보다 높은 보수가 지불되는 P국으로 유출되어 갈 것이다. 양국간 자본배분의 균형점은 양국에서의 자본의 한계생산력 수준이 일치하는 점에서 결정될 것이다. 이 점에서 양국 내에는 새로운 자본스톡의 크기가 결정된다. 즉 H국에서는 자본스톡이 ON으로 줄어든 반면 P국에서는 OR로 늘어나게 되었다(그림에서 $NM=QR$).

양국간 자본스톡의 변화가 일어나게 된 결과 각국의 생산과 소득수준도 다음과 같이 변화하게 된다. 즉 H국의 국내생산은 종전 $a+b+c+d+e$에서 $a+b+d$로 줄어든 반면, P국의 국내생산은 종전 $i+j+k$에 더하여 $f+g+h$만큼 생산물이 추가로 늘어났다. 그러나 H국은 P국에 투입된 자본으로부터 이윤송금($f+g$)을 받게 되므로 결국은 종전에 비해 $g-c$만큼의 소득증대가 이루어진 셈이 된다. 반면 P국은 $f+g+h$만큼의 국내생산이 추가되었지만 H국으로의 이윤송금($f+g$)을 제외하고 나면 h만큼만 국민소득이 증대된 셈이 된다.

이러한 국내생산 및 국민소득의 재편성 과정에서 노동과 자본에 대한 분배구조도 수정되게 되었다. 즉 H국의 경우에는 공동시장 결성 이후 국민소득에 대한 노동의 분배비율이 감소하게 된 반면 자본소유자에게는 유리한 방향으로 소득분배가 이루어지고 있다. 관세동맹 당시 H국의 노동보수는 $a+d+c$였으나 공동시장 결성 이후에는 그것이 a의 크기로 감소되었다. 반면 H국의 자본보수는 관세동맹 당시 $b+e$였으나 공동시장 이후에는 국내자본보수 $b+d$와 P국으로부터의 송금이윤 $f+g$를 합한 크기로 확대되었다. 이 가운데 d는 H국 내에서 노동보수가 자본보수로 이전되는 소득재분배효과를 나타낸다. 그리고 H국이 P국으로부터 송금받는 $f+g$만큼의 자본보수는 자국 내의 생산감소 $c+e$를 대가로 하여 얻게 되는 소득증대분이다. 여기서 $e=f$이므로 H국의 순소득증대는 $g-c$의 크기로 나타나며, 이것은 H국의 노동보수가 아니라 자본에 대한 보수로 돌아간다.

자본자유화 협정 이후의 이러한 소득재분배 과정으로 인해 노동보수를 상실한 H국의 노동조합이나 노동단체들은 비록 요소시장 통합이 국내총생산을 증대시킨다고 할지라도 자기들의 분배 몫이 감소하는 것을 우려하여 공동시장형성에 의한 자본의 역내유출을 반대하게 되는 것이다.

한편 P국에서는 이와 반대의 소득분배효과가 나타나게 된다. 공동시장 결성 전 P국의 노동보수는 j, 자본보수는 $i+k$였다. 그러나 공동시장 결성 이후 P국의 노동보수는 $h+i+j$로 확대되었으며 자본보수는 k로 축소되었다. 이 가운데 i는 자본보수가 노동보수로 전환되는 소득재분배효과를 나타낸다. h는 자본이동의 자유화 이후 P국 내 생산증대로 인한 국민소득의 순증가를 나타내며 이것은 노동에 대한 보수로 귀속된다. 이 경우에는 H국과는 반대로 P국 내 자본가들이 자본보수의 감소를 우려하여 H국으로부터의 자본유입을 저지하거나 그 원천이 되는 자본시장 통합을 반대하게 될지도 모른다.

어쨌든 전체적으로 볼 때 자본이동의 자유화를 전제로 하는 공동시장의 결성으로 인해 H국에서는 $g-c$만큼, P국에서는 h만큼의 순소득증대를 가져올 수 있게 되는데, 이러한 소득증대는 양국간 자본의 한계생산력이 균등화될 수 있는 방향으로 자본의 재배분이 이루어져 왔기 때문이다.

이상에서 살펴본 바와 같이 FTA협정에서 자본자유화를 수반하게 되면 요소의 한계생산력이 균등화될 수 있는 방향으로 요소의 국제간 재배분이 이루어지고, 자원배분의 효율성이 증대되므로 가맹국 전체의 소득 및 후생수준은 증대될 수 있다.

제7절 ▸ 서비스무역 자유화를 수반하는 FTA의 경제적 효과

통상 서비스라 하면 그 대상 업종에 따라 금융, 보험, 운송을 위시하여 의료, 법률서비스와 같은 개인 서비스에 이르기까지 매우 다양하다. 그리고 서비스시장에서는 그 수요공급이 서비스의 가격뿐만 아니라 각국의 법률, 세제, 자격기준, 보건위생기준 등의 시장외적 요인에 의해 크게 영향을 받게 된다는 특징을 가지고 있다. 이러한 이유 때문에 서비스시장의 통합효과는 시장 내적인 수급원리나 한계원리만으로 설명할 수 없는 복합성을 가지고 있으며 따라서 단순한 이론모형으로는 그 후생효과를 설명하기 어려운 분석상의 한계점을 가지고 있다.

여기에서는 다양한 서비스시장 가운데 자본시장 통합과도 관계가 있고 비교적 단순한 시장논리로 설명해 볼 수 있는 금융시장 통합의 예를 들어 보기로 하자. FTA 협정에서 금융시장통합을 포함하게 되면 FTA의 효과는 상품시장 통합의 무역효과 외에 금융서비스의 효율성 제고로 인한 다음과 같은 이익을 추가로 기대해 볼 수 있다.

설명을 단순화하기 위해 서비스시장에 영향을 미치는 시장외적인 요인은 사상(捨象)하기로 한다. 자본의 흐름은 이자율에 영향을 받고 이자율은 저축과 투자에 의해 결정된다고 하자. 그리고 자금의 공급자(저축자)와 수요자(투자자)는 은행에 의해 서로 연결되며 은행은 예금과 대출 금리차만큼의 이윤으로 운영된다고 하자. 그리고 국내시장에서는 은행이자율이 변경되면, 저축·투자규모가 변동될 수 있을 만큼 잠재적 저축자와 투자자가 상존하고 있다고 전제하자.

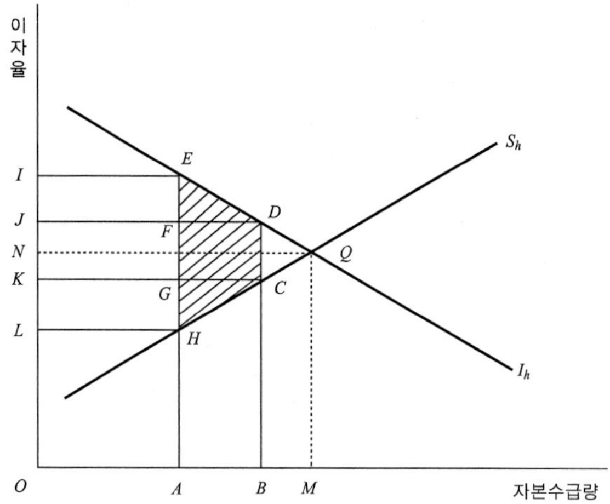

[그림 2-4] 금융시장통합의 효과

금융시장통합 전 H국은 자본유입에 대해 통제를 가하며, 외국은행의 국내 진입도 통제되고 있다. 따라서 국내 자본시장은 비효율적으로 운영되고 국내은행은 보호된 시장하에서 독점적 이윤을 누리게 된다. 그 결과 H국 내에서는 은행부문에 의해 공급되는 금융상품이 그 종류나 양에 있어서 불충분하게 되고 잠재적 저축자와 투자자의 시장참여도 위축되게 된다.

[그림 2-4]는 이러한 상황에서 H국이 주변 국가들과 금융시장을 통합할 경우 H국의 후생 수준은 어떻게 변화할 수 있는가를 설명하고 있다. 그림에서 S_h는 H국의 저축곡선, I_h는 투자곡선을 나타낸다. 위의 시장 여건에 의해 통합 전 H국 내의 저축과 투자는 OA로 제한되고 있으며, 은행 대출이자율은 OI이고 예금이자율은 OL이다. 그 차율 IL은 자금중개자로서 은행이 얻게 되는 서비스요율(마진율)이다. 이러한 서비스요율은 외국은행의 진입을 통제하여 국내은행이 보호를 받고 있기 때문에 발생하는 독점적 요율(금융서비스의 가격)이며, 이때 국내은행의 독점이윤은 사변형 $LIEH$의 면적으로 표시된다.

여기서 이 나라가 주변 주요 금융국가들과 금융시장을 통합하여 금융서비스의 자유이동을 보장한다고 하자. 그렇게 되면 외국은행이 진입하여 국내의 자금 매개기능이 늘어나고 서비스경쟁이 일어나게 되며, 국내은행은 지금까지 누려 왔던 독점적 이윤을 더 이상 누리기 어렵게 된다. 이에 따라 국내은행은 국내 저축자와 투자자가 원하는 새로운 금융상품을 개발하고자 할 것이다. 국내은행은 자신의 서비스요율을 축소하더라도 저축자에게는 종전보다 높은 이자를 지불하고 투자자에게는 종전보다 낮은 이자를 요구하는 형태의 금융상품을 개발하여 외국은행과의 경쟁을 유지하고자 할 것이다. 그리하여 국내 금융시장에는 보호하의 비효율성이 제거되고 저축과 투자활동은 활성화되어 국내 생산활동은 촉진되게 될 것이다.

[그림 2-4]에서는 금융시장통합으로 은행의 대출금리가 OJ로 인하되었고 예금이자율은 OK로 인상되었다. 또 은행의 서비스요율은 JK로 축소(서비스가격의 인하)되었다. 이러한 금융시장의 합리화로 H국에서는 자금량이 AB만큼 더 늘어났으며 그로 인해 저축자의 소득과 투자자의 투자이익도 추가적으로 더 늘어나게 되었다. 즉 H국내에서는 $\triangle EFD$만큼의 소비자잉여(자금수요자, 투자자의 잉여)와 $\triangle GHC$만큼의 생산자잉여(자금공급자, 저축자의 잉여)가 추가적으로 증대되었으며 $\square CDFG$만큼의 은행수입이 생겨났다. 또 국가 전체로는 사변형 $CDEH$만큼의 순후생증대가 생겨났는데, 이것이 금융시장통합의 순후생증대효과이다. 다만 여기서 개별기업으로서의 은행은 경쟁에 의한 이윤폭감소(사변형 $IEFJ+KGHL$)와 자금공급확대로 인한 이윤증대(사변형 $CDFG$)가 교차됨으로써 순이익은 양자의 상대적 크기에 의해 결정될 것이다. 만약 국내은행의 서비스 합리화에 더하여 외국자본 유입이 계속된다면 국내시장에 대한 자본공급은 수요, 공급이 일치하는 Q점까지 늘어날 수 있다. 이렇게 되면 국내의 자금수요자(투자자)와 공급자(저축자)의 이익은 삼각형 EHQ로 극대화될 것이다. 반면 은행의 수수료율은 제로가 될 것이므로 더 이상의 자본이나 은행유입은 일어나지 않게 된다.

그런데 여기서 유의할 사실은 서비스시장의 속성상 H국의 순후생증대가 반드시 동맹 상대국의 서비스 공급 감소라는 대가를 수반하는 것은 아니라는 점이다. 앞의 자본 및 노동시장의 통합에서는 통합 당사국의 요소부존량이 일정하므로 일국으로의 자본 및 노동유입은 그만큼 상대국으로부터의 유출을 전제로 하고 있었다. 따라서 통합의 순효과는 일국의 후생 증대분 가운데 상대국의 요소유출로 인한 후생 감소분을 공제한 잔여분으로 평가되었다. 그러나 금융서비스의 경우 그 자체가 생산된 하나의 상품이므로 서비스의 양은 고정되어 있는 것이 아니라 시장상황에 따라 가변적으로 조절될 수 있는 것이다. 따라서 H국의 순후생증대(*CDEH*)가 반드시 상대국의 후생 손실을 대가로 하는 것은 아니다. H국에 진출한 외국은행의 수만큼 외국에서의 은행 수가 감소하는 것은 아니기 때문이다. 상대국 내에서 시장통합으로 인해 금융서비스의 공급이 줄어들지 않는 한(실제로는 금융시장통합으로 상대국에서도 외국은행이 진출하므로 금융서비스는 더욱 늘어날 가능성이 있음) H국의 후생 증대는 통합체 전체의 후생 증대로 연결되는 것이다.

이러한 금융서비스 시장의 통합효과는 다양한 서비스시장 개방의 한 예에 불과할 뿐, 서비스시장 전체를 대변할 수 있는 무역효과로는 볼 수 없다. 현재 한국이 체결하고 있는 FTA를 통해 개방대상이 되고 있는 서비스산업은 금융, 보험, 법률, 회계 등으로 다양화되고 있으며, 이들 서비스산업의 개방이 국민경제에 미치는 영향은 업종별로 다르게 나타날 것으로 예상되고 있다. 위의 분석 예는 서비스산업의 개방이 국내 경제에 미치는 파급영향을 측정하는 사고의 기준으로 제시되고 있다.

ECONOMICS

제3장▸FTA 원산지 관리론

제1절▸FTA 원산지 규정의 개념과 결정기준

1. 원산지 규정의 개념 및 의의

FTA에서 제품의 원산지란 FTA 협정이 정하는 기준에 따라 물품의 생산·가공·제조 등이 이루어진 국가 혹은 지역(경제공동체의 공동 관세영역 포함)을 의미하며, 이 원산지의 기준에 의해 해당 수출입 상품에 대한 특혜관세의 적용 여부가 결정된다.

그리고 원산지 규정(ROO: Rules of Origin)은 수출입물품의 원산지를 결정하기 위한 제반 기준 및 절차를 정하는 규칙을 총칭한다. 원산지 규정은 적용 목적에 따라 특혜원산지규정(preferential rules of origin)과 비특혜원산지규정(non-preferential rules of origin)으로 분류할 수 있다.[1)]

---

1) 본 장의 원산지 규정 관련 내용은 주로 아래의 대외경제정책연구원 FTA원산지 관련 연구보고서에 의존하여 기술하였으며, 일부의 내용은 책 말미의 참고문헌에 제시된 자료를 참조하였음.
김한성, 조미진, 정재완, 김민성, 『한국 FTA 원산지 규정의 특성 및 활용전략』, 대외경제정책연구원, 연구보고서 08-09, 2008, pp. 27~126.
김상겸, 박인원, 박순찬, 임경수, 『APEC 경제통합과 원산지 규정: 경제적 효과와 APEC의 협력과제』, 대외경제정책연구원, 연구보고서 11-16, 2011, pp. 30~58.

특혜원산지규정은 특정 국가간에 관세상의 특혜를 베푸는 경제통합이나 특혜무역협정 및 일반특혜관세제도(Generalized System of Preferences) 등 특정국가군을 대상으로 관세특혜를 부여하는 경우에 적용한다. 수혜국을 정확히 식별함으로써 비수혜국이 특혜관세혜택에 무임승차(free-riding)하는 것을 방지하고, 특혜관세제도 도입의 목적을 달성하기 위한 규정이다.

반면에 비특혜원산지규정은 위와 같은 특혜관세 적용을 위해서가 아니라 다른 무역정책상의 목적을 위해 상품의 원산지를 식별할 필요가 있는 경우에 사용하고 있다. 특정 국가로부터 특정 제품에 대한 수입제한을 실시할 경우 당연히 원산지의 식별이 필요하므로 해당 정책의 운영상 원산지 규정이 요구된다. 반덤핑관세(anti-dumping duties), 상계관세(counter-valling duty), 세이프가드(Safeguard) 조치 등의 적용 시 이러한 원산지 식별이 필요하다. 이 외에도 무역통계나 수입신고서 작성을 위해 원산지 규정의 적용이 요구될 수 있다.

1990년대 이후 지역별 자유무역협정(FTA: Free Trade Agreement)을 위시한 지역주의가 확산됨에 따라 이러한 원산지 규정의 중요성은 더욱 높아지고 있다. 특히 원산지 규정은 특혜무역협정을 체결하고 있는 회원국 이외의 국가에서 생산된 물품이 회원국 시장으로 우회수입(무역굴절효과)되는 것을 방지하고 역내 협정 체결국 상호간의 무역확대를 촉진하며, 역외로부터의 투자유입을 유도하기 위한 목적으로 활용되고 있다.

그러나 지역별·국별 특혜무역협정(PTAs: Preferential Trade Agreements)이 빠르게 확대되고 그 종류도 다양화되면서 국제적으로 통일된 원산지

조미진, 김한성, 김민성, 양주영, 『동아시아 FTA를 대비한 한국 원산지 규정 추진방안』, 대외경제정책연구원, 연구보고서 10-04, 2010, pp. 49~76.

규정을 제정하기가 점점 더 어려워지고 있으며, 한 국가 내에서도 상이한 원산지 규정이 늘어나고 있는 것이 현실이다.

원산지 규정은 원칙적으로는 객관적이어야 하고 불필요한 무역장애물로 작용하지 않아야 하나, 실제로는 불투명하고 복잡한 기준 때문에 제품 생산자, 수출입업자 및 관세당국에 추가 부담으로 작용하는 경우가 많다. 이는 PTAs 혹은 FTA의 수가 늘면 원산지 규정 또한 비례해서 증가하고 그에 따른 행정·관리 비용도 비례해서 증가하기 때문이다. 이러한 비용의 증가를 스파게티 볼 효과(Spaghetti Bowl Effect)라 한다.

2. FTA에서 원산지 규정의 중요성

FTA에서 원산지 규정은 무역굴절(trade deflection)을 방지하기 위해 도입된다. 무역굴절은 역외 국가에 대해 낮은 관세를 부과하는 회원국을 통해 수입된 재화가 높은 관세를 부과하는 회원국으로 무관세로 재수출되는 것을 일컫는다. 이는 회원국간 공동의 역외관세(external tariff)를 부과하는 관세동맹(Customs Union) 이상의 경제통합에서는 발생하지 않는 무역효과이다. 따라서 무역굴절은 FTA 고유의 무역효과로 볼 수 있다. 이러한 무역굴절효과가 발생하면 역내 고관세국은 제3국에 대해 관세를 통해 국내시장을 보호할 수 있는 기능을 상실하게 된다. 따라서 FTA 협정에서는 이러한 무역굴절 현상을 막기 위해 원산지 증명제도를 도입하게 된다. 원산지 규정을 도입하게 되면 역내제품과 역외제품의 구분이 가능하게 되므로, 저관세국을 통해 고관세국으로 무관세로 수입되는 우회수입이 방지될 수 있다.

그러나 FTA에서의 원산지 규정은 무역굴절을 방지하는 데 효과적이지만 생산의 효율성 면에서는 비효율을 초래하기도 한다. 이는 FTA 체결 이후 역내외 국가간에 관세상의 차별 때문에 종전 역외 저비용국에서 수입하던 제품을 고비용의 역내 동맹국에서 수입하는 소위 무역전환을 유발할 수 있기 때문이다.[2)]

이러한 FTA의 무역효과는 앞 장의 정태분석에서 다루고 있으므로 여기서는 자세한 설명을 생략한다. 다만 여기서는 무역굴절로 인한 우회수입을 방지하고 FTA 특혜관세 적용대상 상품을 구분하기 위한 수단으로서 원산지 규정의 도입이 필수적 요건임을 강조해 두고자 한다. FTA 협정에서 원산지 규정을 중시하고 위반에 대한 벌칙을 가하고 있는 것은 그것이 FTA 기능 유지에 불가결한 요건이 되기 때문이다.

3. 원산지 결정기준

FTA의 원산지 규정은 역내 생산품이 FTA 특혜관세를 향유할 수 있는 조건을 결정하는 제도적 요건을 의미하며, 이는 통상 비특혜원산지규정보다 엄격하게 적용되고 있다. FTA 원산지 규정은 FTA 특혜관세혜택의 역외유출과 제3국 기업에 의한 무임승차를 방지하고, 역내 부품산업을 육성하는 산업정책상의 목적을 달성하기 위해서 제정되고 있다.

최근에는 기업들이 원재료를 글로벌 소싱(global sourcing)하거나 제품의 국제적 결합생산 및 국제간 공정분업을 확대함에 따라 수출품의 국적을 의미하는 원산지 결정이 점점 더 어려워지고 있다. 이에 따라 원산지 규정의

2) 이러한 FTA 고유의 무역효과에 대해서는 졸저, 『국제경제통합론』, 시그마프레스, 2011, pp. 89~101에 상세히 설명되어 있음.

제정에서는 원산지결정기준(criteria of the determination of origin)을 정하는 것이 가장 중요한 과제가 되고 있다. 또한 원산지 결정기준은 FTA 당사국의 무역 및 투자에 직접적으로 많은 영향을 미치기 때문에 FTA 협상에서는 어떠한 원산지 규정을 도입할 것인지가 중요한 협상과제가 되고 있다.

(1) 일반규정

가. 완전생산기준

원산지 결정기준은 완전생산기준과 실질변형기준으로 나누어진다. 완전생산기준(a goods wholly obtained test)은 어떤 제품의 모든 생산과정이 완전히 어느 한 국가에서만 이루어지는 경우를 지칭하며, 농산물, 동식물, 천연자원 및 일부의 공산품이 이 기준의 적용을 받고 있다.

나. 실질변형기준

실질변형기준(substantial transformation test)은 생산과정이 2개국 이상에 걸쳐 이루어진 경우 상품의 본질적인 특성을 부여하기에 충분한 정도의 실질적인 변형이 이루어진 국가를 원산지로 인정하는 기준이다. 오늘날 많은 제조업제품은 중간재의 국제간 이동 및 국제간 결합생산으로 인해 실질변형기준의 적용을 받는 경우가 일반적이다.

실질적 변형기준은 측정방식에 따라 세번변경기준(change in tariff classification), 역내 부가가치기준(value content criterion), 그리고 특정공정기준(criterion of specific processing operation)의 세 가지 기준으로 분류된다. 이 중 세번변경기준과 특정공정기준은 투명성과 낮은 행정비용 면에서 바람직하다는 장점이 있으나 현실적으로 적용하기가 쉽지 않다. 이에 반해 역내 부가가치기준은 높은 행정비용이 유발된다는 단점이 있으나 적용이 용이하여 많이 선호되고 있다.

① 세번변경기준

상품 세번분류(HS 코드)[3]에 근거하여 사용된 원재료의 세번과 다른 세번의 제품이 생산된 경우, 해당 국가를 원산지로 인정하는 실질적 변형기준이다. 특혜원산지규정이나 비특혜원산지규정에 모두 같은 기준으로 적용될 수 있고 투명성, 예측가능성, 행정비용 최소화 등의 장점이 있으나 HS품목분류체계상 가공 단계별로 배열되지 않은 제품에는 적용하기가 곤란하다. 또한 증빙서류가 복잡하고, 신상품 개발 시 즉각적인 적용이 어렵다는 단점이 있다.

② 역내 부가가치기준

창출된 부가가치의 비율에 따라 원산지를 평가하는 방법이므로 간단명료하게 실질적 변형기준을 확인할 수 있다는 장점이 있다. 그러나 원가 등 부가가치 계산상의 임의성, 국별 회계기준의 차이, 임금변동, 가격변동 및 환율변동으로 부가가치 창출비용의 변동이 일어나고 이에 따른 마찰 가능성이 있으며, 행정비용이 높다는 단점이 있다.

③ 특정공정기준

유의한 수준의 가공공정이 일어난 국가를 원산지로 간주하는 실질적 변형기준으로 투명성, 예측가능성 등에서 객관적이라는 장점이 있다. 그러나 증빙서류가 복잡하고 특정 공정의 수행여부를 확인하기가 어려우며, 기술진보가 혁신적으로 일어날 경우 이에 대한 판단을 내리기가 어려워 신제품 개발의 장애요인으로 작용할 수 있다.

---

3) HS는 통합상품분류표(Harmonized Commodity Description and Coding System)의 약어이며, 국제협약에 의해 국제간 공통으로 사용하는 상품분류체계이다.

다. 보충적 원산지 결정기준

원산지 규정의 복잡성에 수반되는 추가적인 무역비용은 새로운 후생 감소 요인이 될 수 있다. 이를 최소화하기 위해 자유무역협정국간의 노력으로 보완적 기준이 추가로 도입되고 있다. 여기에는 미소기준(deminimis), 흡수원칙(roll-up), 누적기준(cumulation) 등 다양한 제도적 보완책이 추가되고 있으며 그 주요 내용은 다음과 같다.

① 미소기준(최소허용기준)

세번변경기준이 적용되는 상품에서 비원산지 재료의 비율이 극히 미미할 경우 세번변경 요건을 충족하지 못하더라도 그 상품을 원산지로 인정하는 방식이다.

② 누적기준

FTA 체결 대상국간에 상대국을 원산지로 하는 재료를 사용하여 제품을 생산할 경우 상대국을 원산지로 하는 재료도 최종 제품의 생산과 제조 공정이 일어난 국가를 원산지로 인정하는 기준이다.

특혜무역협정의 역내 회원국에 한정하여 사용된 원재료만을 역내산으로 간주하는 양자누적(bilateral cumulation), 해당 특혜무역협정의 역내 회원국이 아닌 제3국에 의해 공급된 재료를 일정한 조건하에서 역내산으로 간주하는 유사누적(diagonal cumulation), 특혜무역협정의 전 지역을 하나의 단일 국가로 간주하여 해당 지역 내에서 이루어진 모든 생산 공정을 역내산으로 간주하는 완전누적(full cumulation)의 세 가지 누적방식이 적용된다.

③ 흡수방식(롤업 방식)

비원산지 재료가 충분한 가공을 거쳐 원산지 지위를 획득하고 최종 제품의 중간부품으로 사용될 경우, 이 최종 제품의 원산지 판정 시 중간부품으로 사용된 비원산지 재료도 역내산으로 간주하는 방식이다.

④ 불인정공정(최소가공기준)

원산지를 부여하기에 불충분하다고 간주되는 공정으로 역내에서 수행된 공정이 운송이나 저장을 위한 작업, 판매를 위한 포장 등 단순한 작업에 불과할 경우 이러한 작업 및 공정은 원산지 결정에 영향을 미치지 않는다.

대표적인 불인정공정으로는 운송 또는 보관 중인 물품 보존을 위해 필요한 작업, 포장개선 또는 물품의 상품성 개선을 위한 작업 또는 하역, 분류, 포장, 재포장, 선적 준비작업 등이 있다.

⑤ 직접운송 원칙

원산지 인정 요건을 모두 충족하였더라도 운송 도중 제3국을 거치지 않고 원산지국에서 수입국으로 직접 운송된 물품만 원산지로 인정하는 것을 말한다.

⑥ 역외가공 인정

자국산 부품을 사용하여 제3국에서 반제품을 만든 후 재반입하여 자국에서 최종생산한 제품의 경우, 자국산 부품가격을 자국에서 발생한 부가가치 금액에 포함하는 제도이다.

⑦ 부속품 및 포장용품에 관한 규정

부속품, 예비부품, 공구 등은 해당 물품의 원산지에 따라 원산지를 결정한다. 소매판매를 위한 포장용품 및 포장용구는 그 내용물의 원산지를 따르지만, 관세율표상 포장용품과 내용물을 별개의 품목번호로 분류하고 있는 경우에는 이를 적용하지 않는다.

(2) 품목별 원산지 기준

오늘날 많은 경우의 FTA에서는 위와 같은 일반적 원산지 기준 외에 품목별로 별도의 원산지 기준을 설정해 두고 있다. 즉 완전생산기준과 실질변형기준을 품목에 따라 달리 적용하는 규정을 도입하고 있다.

품목별 원산지 규정이 활용되는 까닭은 일반적 원산지 규정만으로는 일국에서 완전 생산되지 않은 품목에 대한 실질적 변경 여부를 결정하기에 한계가 있기 때문이다. 일반적 원산지 결정기준을 보완하기 위해 보충적 원산지 결정기준이 도입되기도 하지만, 수만 가지 품목의 실질적 변형 여부를 10여 개의 기준으로 나누기에는 한계가 있다. 또한 경직된 원산지 규정의 적용은 FTA를 활용하여 체결국간 교역을 확대한다는 FTA 취지에 반하는 무역장벽으로 작용할 수 있다는 점도 품목별 원산지 규정을 마련하는 배경이 되고 있다.

품목별 원산지 규정은 일반규정에 더하여 HS 4단위 혹은 6단위 기준의 품목별 원산지 결정을 위한 세부 조건을 다시 정한 기준이다. 완전생산기준과 실질변형기준이 실제 품목에 적용되는 방식으로는 단일기준(1개의 기준이 적용될 경우), 선택기준(2개 이상의 기준을 제시하여 모든 기준을 충족시켜야 하는 기준)이 있다.

품목별로 적용되는 원산지 결정기준은 민감한 품목일수록 2단위 변경기준이 적용되는 등 엄격하고 까다로운 원산지 규정이 적용되고 있다. 반면 수출경쟁력이 뛰어난 품목의 경우 다소 느슨한 형태인 6단위 세번변경기준이 이용되는 경향을 보인다.[4] 어떠한 유형의 결정기준이 주로 적용되는지에

4) 통상적으로 2단위 변경기준(CC: Change in Chapter)이 가장 엄격하며, 다음으로 4단위 변경기준(CH: Change in Heading)이 엄격하다. 6단위 변경기준(CS: Change in Subheading)은 비교적 완화된 기준으로 볼 수 있다.

따라 FTA 원산지 규정의 전반적인 엄격성 정도가 결정된다. 엄격한 원산지 규정의 대표적인 유형인 NAFTA의 경우 2단위 세번변경기준의 적용 비중이 여타 FTA에 비해 높은 것이 특징이다.

대다수의 FTA에서 품목별 원산지 규정을 사용하고 있으며, 한국이 체결한 모든 FTA를 비롯하여 일·ASEAN FTA와 일본이 ASEAN 6개국과 양자간 체결한 EPA는 모두 품목별 원산지 규정을 두고 있다. 반면 중·파키스탄 FTA와 같이 품목별 원산지 규정이 없는 경우도 있다. 중·ASEAN FTA의 경우 협정체결 당시에는 없었으나, 추가협상을 통해 일부 품목에 한해 품목별 원산지 규정을 도입하고 있다.

이러한 품목별 원산지 규정이 원산지 규정의 취지에 부합하면서 체결국간 교역 활성화에 기여하고 있는지에 대해서는 부정적인 견해가 지배적이다. 품목별 원산지 규정이 너무 세분화되면서 원산지 규정 자체에 대한 불필요한 혼란을 가중시키고 있으며, 특히 동일 품목에 대하여 각각의 FTA에서 상이한 원산지 규정이 적용되는 경우가 늘어나면서 원산지 규정을 충족시키기 위한 수출자의 비용을 증가시키고 있기 때문이다.

4. 원산지 규정의 유형

(1) 다자차원의 원산지 규정

원산지 규정에 대한 국제협정은 다자협정과 양자협정으로 구분된다. 다자협정으로는 관세 및 무역에 관한 일반협정(GATT: General Agreement on Tariffs and Trade)과 교토협약(Kyoto Convention), 일반특혜관세제도(GSP), 개도국간 무역특혜제도(GSTP), 아·태무역협정(APTA), WTO 원산지협정

(WTO Agreement on Rules of Origin)이 있다. 양자협정으로는 국가간 자유무역협정(FTA)이나 남북원산지합의서를 들 수 있다.

국제적 차원에서 원산지 규정을 통일하기 위한 노력이 꾸준히 전개되어 왔으나 아직까지 완전한 성과는 거두지 못하고 있다. 규정 통일을 위한 첫 시도는 1953년 국제상업회의소(ICE: International Chamber of Commerce)가 상품의 국적(nationality)을 결정하는 통일된 기준 마련을 GATT에 제안하면서 시작되었다. 이 제안서에는 2개 이상 국가에서 제조·생산되는 제품에 실질변형(substantial transformation)이 이루어지는 것을 원산지로 인정할 것을 제안하였다. 그러나 이 제안은 이러한 통일된 규정을 국내법에 불가피하게 적용해야 할 상황을 염려하는 국가들의 반대에 부딪쳐 채택되지 못하였다.

이후 관세정책과 절차를 표준화하고 통일하기 위한 국제규범인 교토협약의 개정판이 세계관세기구(WCO: World Customs Organization)에 의해 채택되었다. 이 협약은 특혜원산지규정과 비특혜원산지규정에 모두 적용되며, 완전생산기준과 실질변형기준을 제시하고 있다. 교토협약 이후, 1993년 우루과이라운드가 타결되고 1995년 WTO가 출범하면서 WTO 원산지 규정이 제정되게 되었다. 이 규정에는 쿼터, 반덤핑, 상계관세, 세이프가드, 원산지표시 등 비특혜 무역정책에 적용되는 WTO 통일원산지 규정(HRO: Harmonized Rules of Origin) 관련 내용이 포함됨으로써 구체적이고 통일된 원산지 규정 마련을 위한 본격적인 협상을 시작할 기반이 만들어졌다.

1995년의 WTO 원산지 규정에 관한 협정은 〈GATT 1994〉의 개정판에 근거하여 개정되었으며, 불필요한 무역장벽을 방지하는 측면에서 원산지 규정의 정의와 범위, 활용, 절차상 규정, 통일원산지 규정, 기술위원회, 특혜원산지규정 관련 공동성명으로 구성되어 있다. 이러한 WTO 원산지 규정에 관한 협정은 원산지 결정에 대한 국제적인 모델이 없었던 관계로 무역정책과 무역통계, 일반 거시경제 분석을 위한 초석이 되었다. 이 협정은 국가별로 복잡·다양해진 원산지 규정으로 인한 행정비용 및 생산의 비효율성 증가, 교역에서의 왜곡현상을 방지하기 위해 원산지 규정에 대한 일반적인 규범 및 절차와 함께 통일된 원산지 규정을 제시하고 있다. 기본적으로 비특혜 무역정책 수단에 사용되는 원산지 규정에 적용하는 것이나, '부속서 2'의 특혜원산지규정에 관한 공동성명을 통해 이후 무역협정의 원산지 규정에 대한 일반적인 원칙 및 지침도 제시하였다.

WTO 원산지 규정에 관한 협정의 구성

Part Ⅰ	정의와 범위(Definitions and Coverage)
Part Ⅱ	원산지 규정의 활용 규범(Disciplines to Govern the Application of Rules of Origin)
Part Ⅲ	공지, 검토, 협의 분쟁해결에 관한 절차 합의(Procedural Arrangements on Notification, Review, Consultation and Dispute Settlement)
Part Ⅳ	통일원산지 규정(Harmonization of Rules of Origin)
Annex Ⅰ	원산지 규정에 관한 기술위원회(Technical Committee on Rules of Origin)
Annex Ⅱ	특혜원산지규정 관련 공동성명(Common Declaration with Regard to Preferential Rules of Origin)

이 협정에서 주목할 점은 통일원산지 규정을 통해 원산지 규정의 활용과 관리에 대한 관련 조항을 마련하도록 하였다는 것이다. 이러한 통일작업은 무역정책의 투명성을 보장함으로써 쿼터, 반덤핑, 상계관세, 세이프가드, 원산지표시 등 모든 비특혜 무역정책 수단에 적용된다는 점에서 의미가 있다.

WTO는 1995년 비특혜 통일원산지 규정 제정에 합의하여 협상을 시작하였다. WTO 비특혜 통일원산지 규정 협상(HWP: Harmonization Work Programme)은 1995년 1월 1일 발효된 WTO 협정안에 있는 '원산지협정'(Agreement on Rules of Origin)에 따라 관세특혜로 귀결되는 특혜협정이 아닌 비특혜원산지규정으로서 모든 교역품목에 대해 국제적으로 통일된 원산지 판정기준을 결정하는 협상이다. 이 협상은 WTO 원산지 규정위원회(CRO: Committee on Rules of Origin)와 세계관세기구(WCO: World Customs Organization) 산하 원산지 규정 기술위원회(TCRO: Technical Committee on Rules of Origin)가 공동 추진하였다. 통일화작업은 HS품별로 이루어져 완전생산품의 정의, 세번변경기준과 보충기준(supplementary criteria)을 통한 실질변형(substantial transformation)기준을 제시하기 위해 시도되었다. 통일화작업은 원래 1998년 7월까지 마무리 짓기로 합의되었으나, 많은 작업들이 이루어졌음에도 불구하고 이슈의 복잡성 때문에 2013년 현재까지 완전한 합의를 보지 못하고 있다.

(2) 지역차원의 원산지 규정

원산지 규정의 보다 일반적 유형은 FTA를 체결한 국가간에 도입되고 있는 지역차원의 원산지 규정이다. 지역차원의 원산지 규정은 모든 지역별 무역협정이 각기 다른 형태로 규정하고 있기 때문에 통일된 기준을 제시하기 어렵다. 현재까지는 EU가 채택하고 있는 PANEURO 유형과 북미자유무역협정에서 사용하고 있는 NAFTA 유형이 지역 원산지 유형의 대표적 형태로 관찰되고 있다. 두 방식 모두 역내산업 보호를 위한 우회수입 방지와 외국인직접투자 유치 확대를 위해 원산지 규정을 복잡하고 까다롭게 설정하고 있는 것이 특징이다.

가. PANEURO 유형

PANEURO 유형의 경우 유럽위원회(European Commission)가 특혜원산지협정안을 통일하기 위한 노력의 결과로 도입되었으나 그 내용은 여타 협정들과 마찬가지로 상당히 복잡한 구조를 가지고 있다. 1997년 이후 EU가 체결하는 신규 FTA의 원산지 규정에 적용되고 있는데, 주로 HS 4단위의 세번변경기준과 누적기준을 많이 이용하고 있지만(예외조항 포함), 특정공정기준 또한 상대적으로 많이 이용하고 있다. PANEURO 유형의 가장 큰 특징으로는 수입산 원부자재 가치(MC)와 공장도거래(ex-work)가격을 기준으로 채택하고 있다는 점, 최소기준은 상대적으로 높고 누적조항도 양자누적을 비롯한 유사누적과 완전누적을 같이 적용하고 있다는 점을 들 수 있겠다.

나. NAFTA 유형

반면에 NAFTA 유형은 NAFTA 회원국과 주요 국가들 간의 FTA 체결에 적용되고 있으며, 일반적으로 HS 4단위 변경기준을 주로 적용하고 있다. 또한 보충적으로 부가가치기준을 채택하고 있으며, 특정공정기준은 예외적으로 적용하고 있다. NAFTA 유형은 보충기준인 최소허용기준의 적용이 용이한 편이나 예외품목이 많고, 롤업(roll-up)원칙에서는 자동차를 제외하고 있으며, 누적조항에서는 양자누적(bilateral cumulation)만을 적용하고 있다.

다. 동아시아 유형의 모색

한편 아시아의 경우 고유한 모델이 없어 PANEURO와 NAFTA 유형이 혼합적으로 사용되고 있다. 최근 동아시아 국가들 간의 FTA 체결이 다각적으로 진행되고 범 동아시아 FTA에 대한 기대가 높아지면서 PANEURO나 NAFTA 유형과 같은 원산지 규정 모델 개발에 대한 필요성도 점차 높아지고 있다.

제2절 ▸ 원산지 증명 및 검증

1. 원산지 증명

원산지 증명은 수출 전에 수출국가에서 FTA 특혜무역관세 혜택을 받기 위해 원산지를 확인하는 절차로, 증명 주체에 따라 기관발급제와 자율발급제로 나누어진다.

(1) 기관발급

기관발급제는 협정이 정하는 방법과 절차에 따라 수출국의 관세당국이나 기타 발급권한이 있는 기관이 수출자로부터 발급신청을 받아 원산지 규정 충족 여부를 평가한 후, 원산지 증명서를 발급해 주는 제도를 말한다.

기관발급제는 ASEAN, 일본 등이 선호하는 방식으로 공신력이 높아 무역굴절(우회수입) 방지효과가 있으나, 수출신고와 증명서 발급 절차의 중복, 시간과 비용의 증가, 실질적인 확인이 없는 요식행위로 전락할 가능성 등과 같은 단점이 있다. 실례로 기관발급을 시행하고 있던 EU의 경우 기관발급이 우회수입을 효과적으로 방지하지 못하는 문제, 협정체약 국가 간의 원산지 확인을 위한 행정적 협조의 실패, 허위 원산지 증명서에 대한 책임 소재 불분명 등의 문제를 야기하고 있어 자율발급제의 도입을 검토 중에 있다.

(2) 자율발급

자율발급제는 협정이 정하는 방법과 절차에 따라 수출자나 생산자가 자율적으로 물품의 원산지 규정 충족 여부를 확인하여 원산지 증명서를 수입국의 수입자에게 제출하는 제도를 말한다.

자율발급제는 미주지역에서 선호하는 방식으로 발급절차의 신속성과 편리함, 증명서 발급비용의 절감, 통관절차의 간소화 등의 장점이 있으나 허위증명의 가능성이 존재한다. FTA를 통한 교역촉진과 수출입자의 편익을 위해서는 발급절차가 간편하고 비용을 절감할 수 있는 자율발급제가 보다 적합할 수 있으나 허위증명가능성을 줄이기 위해 수출자와 수입자의 원산지 입증책임 명시, 현지검증제도, 원산지 허위증명에 대한 처벌 강화, 원산지 사전검증제, 자료보관 의무 등의 보완제도가 수반되어야 한다.

2. 원산지 검증

원산지 검증은 수입 후 원산지 증명서의 정확성과 수입된 상품의 특혜원산지 규정요건의 충족 여부를 판단하기 위해 원산지 증명서의 사실 여부를 확인하는 절차이다. 여기에는 직접검증, 간접검증, 그리고 제한적 간접검증 방식이 있다.

(1) 직접검증

직접검증은 수입국 관세당국이 수입자뿐만 아니라 수출국의 수출자나 생산자를 대상으로 원산지 검증을 하는 방식을 말한다.

(2) 간접검증

간접검증은 수출국 관세당국에 검증을 위탁하는 방식이다.

(3) 제한적 간접검증

제한적 간접검증은 직접검증과 간접검증이 절충된 방식으로, 수출국의 관세당국이 생산자나 수출자의 원산지 검증을 실시하고 그러한 검증과정에 수입국의 관세당국이 참관하는 방식을 말한다.

이러한 검증방식의 선택은 협정 회원국가의 지리적·역사적·정치적 상황과 관세제도, 검증의 효율성, 검증비용 등을 고려하여 결정된다.

원산지 검증의 한 예로 NAFTA의 검증절차를 소개하면 다음과 같다. 직접검증 방식을 채택한 NAFTA의 검정절차는 크게 서면조사와 현지 방문조사로 구분된다. 검증의 첫 번째 단계로 수입국은 타방 당사국 영역에 있는 수출자나 생산자에게 원산지 증명서를 비롯한 관련 증빙서류 등의 필수정보를 요청하고 서면질의서를 통보한다. 서면조사만으로 원산지의 정확성 여부를 판단하기 곤란할 경우 수입 당사국이 수출국의 수출자 또는 생산자의 사업장을 직접 방문하는 현지 방문조사를 실시할 수 있다. 수입국이 현지 방문조사를 하고자 하는 경우 현지조사 수행에 앞서 수출자 또는 생산자, 수출국의 관세행정기관 등에 이를 서면으로 공지해야 하며, 생산자나 수출자로부터 현장방문 검증에 대한 동의를 얻어야 한다. 현장검증 통보를 받은 수출자나 생산자는 통보를 받은 후 30일 이내에 서면으로 현지 방문조사에 동의해야 하며, 동의하지 않을 경우에는 특혜관세혜택을 받을 수 없다.

3. 원산지 규정 위반에 대한 처벌 법규

각국의 FTA 협정은 원산지 규정 위반과 비밀유지 및 서류보관 의무 위반에 대한 벌칙 규정을 마련하여 규정 위반 시 형사, 민사 또는 행정상의 제재를 가할 수 있도록 명시하고 있다. 이러한 법적 제재조치는 죄형법정주의 원칙상 국제조약을 근거로 처벌할 수는 없으므로 처벌유형 및 처벌수준 등은 각 체약당사국의 국내 법률에서 정하도록 위임하고 있다.

(1) 미국의 경우

미국의 경우 FTA 원산지 규정 관련 위반 행위는 사기(fraud), 중과실(gross negligence), 과실(negligence)로 인한 규정 위반에 대한 벌칙, 자료보관(record-keeping) 의무 위반에 대한 벌칙을 규정하고 있는 미국 관세법(US Code Title 19-Customs Duties)에 의해 민사 또는 형사처벌이 가능하다.

가. 원산지 허위증명에 대한 벌칙

FTA 원산지 허위증명의 경우 관세법 제1592조(사기, 중과실, 과실에 대한 벌칙)에 따라 벌금이 부과된다. 구체적으로는 ① 사기에 의한 경우 그 상품의 '국내 가격'(domestic value) 이하의 벌금, ② 중과실의 경우 그 상품의 국내 가격이나 관세, 세금, 수수료의 4배 중 더 적은 금액, ③ 과실의 경우 상품의 국내 가격이나 관세, 세금, 수수료의 2배 중 더 적은 금액 이하의 벌금이 부과된다. 다만 중과실과 과실에 의한 위법이 관세 부과에 영향을 주지 않는 경우 그 상품에 부과할 수 있는 관세의 각각 40%, 20% 이하의 벌금이 부과된다.

그러나 잘못된 원산지 증명서를 작성하였더라도 이러한 사실을 증명서를 제공받은 모든 사람들에게 즉각적이고 자발적으로 서면 통지한 경우에는 벌금이 부과되지 않는다. 또한 원산지 증명서 작성 당시에는 올바른 정보였으나 후일 상황의 변화로 인해 부정확한 정보가 된 경우, 그러한 변경 상황을 즉각적이고 자발적으로 서면 통보하면 위법 행위로 간주하지 않는다.

나. 서류보관 의무 위반의 벌칙

미국 관세법 제1508조에 의하면 교역 당사자는 원산지와 관련된 모든 기록을 일정 기간 동안 보관해야 할 의무가 있다. 이러한 보관 의무는 미국뿐만 아니라 FTA 원산지 규정의 일반적 요건으로 모든 체결국에 부과되는 의무이기도 하다.

원산지 증명서류 보관 의무가 있는 자가 이를 준수하지 않을 경우 NAFTA, 미 · 칠레 FTA, 미 · 캐나다 협정에서는 상당한 금액의 벌금이 부과된다. 제1509조에서는 통관의 정확성, 관세, 벌금, 과태료 부과, 관세법 준수 등의 조사를 위해 관세 당국이 관련 자료 및 정보를 요청하였을 때 이를 제출하지 않으면 벌금을 부과할 수 있도록 하고 있다.

예외적으로 자연재해에 의한 정보 분실, 다른 증거에 의해 세관의 요구사항을 실질적으로 준수한 경우, 요구서류가 수입 신고 시 세관에 제출되어 보존되고 있는 경우에는 벌금이 부과되지 않는다. 또한 자료보관 인증제도(record-keeping compliance program)를 도입하여 인증요건을 충족시킨 자료보관 인증기업의 경우에는 제출요청을 받은 정보를 제공하지 않았다 하더라도 고의적인 또는 반복적인 위반이 아니라면 위법 사실에 대해 서면 통보만 할 뿐, 벌금은 물리지 않는다. 그러나 인증기업이 반복적으로 관련 규정을 위반하게 되면 벌금이 부과되며 인증은 취소된다.

(2) EU의 경우

EU 공통관세법은 공통관세 부과에 필요한 공통관세율, 원산지 규정 및 일반통관절차 등에 관해 규정하고 있으나, 위반이나 제재 조치에 대해서는 별도의 규정이 없으며, 회원국의 관할 관세청에서 회원국별 법에 따라 부과하도록 하고 있다.

(3) 싱가포르의 경우

한국, 미국, 일본, ASEAN, 인도, 호주, 뉴질랜드 등 많은 국가와 FTA를 맺은 싱가포르 역시 싱가포르 관세법에 따른 일반적인 벌칙 조항에 근거하여 FTA 원산지 관련 위법 행위를 처벌할 수 있도록 하고 있다. 싱가포르 관세법 128L(1)조에 의하면 증빙서류 위조, 수출입 미신고, 무역거래서류제출 거부 등의 위법 행위에 대해 1만 싱가포르 달러 이하 또는 포탈세액 중 더 높은 금액의 벌금을 부과하거나, 12개월 이하의 징역형을 선고할 수 있다. 또 징역형 선고와 벌금의 동시 부과도 가능하도록 되어 있다.

제3절 ▸ 한국의 FTA 원산지 규정

1. 한국 원산지 규정의 일반적 특징

한국은 특혜원산지를 결정하는 기준으로 완전생산기준과 실질변형기준을 기본적으로 도입하고 있고, 실질변형기준으로는 세번변경기준과 부가가치기준을 주로 사용하고 있다.

(1) 완전생산기준

완전생산기준은 일부 농업과 광업제품 등에 대해서는 여전히 유효한 평가기준이지만, 오늘날과 같이 국제간 투자가 확대되고 다국적기업의 활동이 활발한 세계화시대에서는 그 적용이 제한적일 수밖에 없다. 이에 따라 한·칠레, 한·싱가포르 FTA에서는 실질적으로 완전 역내산이 아니더라도 역내산 인정 범위를 확대하고 있다.

수산물의 경우 영해 내에서 획득한 것에 대해 선박의 국적 여하를 막론하고 연안국을 원산지로 인정하고 있다. 그리고 영해 밖의 공해상에서 획득한 수산물이나 선상가공품에 대해서도 자국적 선박이 획득하였다면 원산지를 인정한다.

(2) 실질변형기준

가. 부가가치기준

한·칠레 FTA, 한·싱가포르 FTA, 한·ASEAN FTA, 그리고 한·미 FTA는 국내부가가치 최소비율(DC: Domestic Content)[5]을 부가가치기준으로 사용하고 있으나, 한·EFTA FTA는 수입함량상한선(MC: Import Content)[6]만을 인정하고 있다. 그러나 가치인정 수준은 낮게는 30% 이상에서 높게는 60% 이상에 이르기까지 FTA별로 다양하다.

부가가치비율 산정 방식으로는 [표 3-1]과 같이 공제법(build-down method)과 집적법(build-up method)이 있다. 공제법은 비원산지재료의 부가가치를 제품가격에서 공제하는 방식이고, 집적법은 원산지재료의 가치를 직접 더하는 방식이다. 한·칠레 FTA, 한·ASEAN FTA, 한·미 FTA에서는 집적법을 선택적으로 사용하고 있다. 반면 한·싱가포르 FTA에서는 공제법만을 규정하고 있다. 현재 한국이 체결하고 있는 FTA별 부가가치기준의 기술적 차이점은 [표 3-2]에 정리된 바와 같다.

---

5) 원산지를 결정하는 데 요구되는 국내부가가치(domestic value-added) 또는 누적기준(cumulation)이 적용될 경우 역내 부가가치(region value-added)의 최소비율을 정하는 방식.

6) 당해 상품이 원산지 지위를 부여받는 데 허용되는 수입 부품 및 재료의 금액이나 수량에 관한 상한을 부과하는 방식.

[표 3-1] 부가가치기준 산정방식

구분	수식
공제법(Build-down Method)	$RVC=\frac{(AV-VNM)}{AV}\times 100$
집적법(Build-up Method)	$RVC=\frac{VOM}{AV}\times 100$

주: 1) VNM(Value of Non-originating Materials): 해당 상품의 생산에 사용된 非역내산 원재료의 가격.
2) AV(Adjusted Value): 조정가치로, 미국-싱가포르 FTA(USSFTA)에 의하면 역내재화의 경우에는 취득 시 지불된 가치에서 운임, 보험료, 포장비 및 그 외 재화를 생산자의 소재지까지 운송하는 데 소요된 모든 비용, 그리고 관세, 내국세 및 세관중계비용(customs brokerage fee) 등을 포함하도록 조정할 수 있으며(이미 포함되지 않았다면), 역외재화의 경우에는 취득 시 지불된 가치에서 앞의 비용들을 차감하여 조정할 수 있음.
3) VOM(Value of Originating Materials): 해당 재화의 생산에서 획득되거나, 생산자가 스스로 생산한 원재료의 가치.
4) RVC(Regional Value Content): 역내에서 창출된 부가가치가 일정 수준 이상이면 2국가를 원산지로 인정하는 방식.

[표 3-2] 한국 FTA의 부가가치기준

구분		한·칠레 FTA	한·싱가포르 FTA	한·EFTA FTA	한·ASEAN FTA	한·인도 FTA	한·미국 FTA	한·EU FTA
제품기준 가격		FOB	FOB	ex-work	FOB	FOB	FOB	ex-work
부가가치 산출방식		공제법·집적법 선택	공제법	MC	공제법·집적법 선택	공제법	공제법·집적법 선택 순원가법(자동차)	MC
부가가치 수준	역내산가치	공제법 45% 집적법 30% (과실주스 공제법: 80%)	45~55%		35~70%	25~50%	집적법 (30~35%) 공제법 (45~45%) 순원가법(35%)	
	역외산가치			25~60%				25~50%

주: 1) MC(Import Content): 수입부품 상한선 기준
2) ex-work: 공장도 가격 기준
3) 집적법: 역내 부가가치(RVC) = 원산지 재료의 가격/제품가격×100%
4) 공제법: 역내 부가가치(RVC) = (제품가격-비원산지 재료의 가격)/제품가격×100%
5) 순원가법: 역내 부가가치(RVC) = (제품의 순원가 -비원산지 재료의 가격)/제품의 순원가×100%
자료: 조미진 외, 『동아시아 FTA를 대비한 한국원산지 규정 추진방안』, 연구보고서 10-04, 대외경제정책연구원, 2010, p. 57.

나. 특정공정기준

특정공정기준에는 일정한 제조나 공정이 있어야만 원산지를 부여받을 수 있는 positive test 방식과 일정한 제조나 공정에 대해서는 원산지를 부여하지 않는 negative test 방식이 있다. 한국이 체결한 FTA 중 한·칠레 FTA와 한·싱가포르 FTA는 positive와 negative test 방식을 모두 채택하고 있으며, 한·EFTA FTA와 한·ASEAN FTA에서는 positive test 방식만 채택하고 있다.

한국이 체결한 FTA의 특정공정기준 적용 물품을 비교해 보면, 직물제품(HS 50~60류)에 한하여 한·EFTA FTA는 염색공정이나 날염공정을 거친 제품에 대해 원산지를 인정하고 있다. 의류제품(HS 61~62류)의 경우 한·싱가포르 FTA와 한·EFTA FTA는 원단의 원산지와는 무관하게 재단과 봉제공정을 거친 의류제품에 대해 원산지를 인정하고 있고, 한·싱가포르 FTA는 보다 엄격하게 자국산 원단을 사용하고 재단과 봉제공정을 거칠 것을 요구하고 있다. 이에 반해 한·ASEAN FTA와 한·미 FTA에서는 일반적인 규정이 없고, 품목별 원산지 규정(PSR: Product Specific Rule)에서 개별적으로 규정하고 있다.

다. 원산지 보충규정

① 최소허용기준

최소허용기준은 세번변경기준의 적용에 있어서 최대 비율을 산정하여 이를 초과하지 않는 범위 안에서 비원산지 재료를 허용하는 것을 말한다. 이 보충규정은 세번변경기준이나 특정공정기준을 완화하거나 매우 적은 비역내산 부품이나 재료를 둘러싼 원산지 분쟁을 최소화하기 위해 도입되었다.

원산지를 인정하는 최소허용기준은 품목 및 FTA별로 상이하다. 일반품목의 경우 한·칠레 FTA는 FOB가격으로 8% 미만을 규정하고 있는 데 반해 ASEAN, EFTA, 미국과의 FTA에서는 10% 미만을 채택하고 있다. 한·EFTA FTA는 공장도 거래가격을 기준으로 하고, 한·미 FTA는 조정가치를 기준으로 삼고 있다. 섬유제품(HS 50~63류)은 중량을 기준으로 한·칠레 FTA와 한·싱가포르 FTA는 8% 미만을, 한·EFTA FTA와 한·ASEAN FTA는 10% 미만을, 한·미 FTA는 7% 미만을 최소허용기준으로 허용하고 있다.

농산물의 경우에는 국내 농어민 보호와 우회수입 방지를 위해 최소허용기준을 섬유나 일반 물품보다 엄격하게 적용하고 있다. 반면 한·미 FTA는 일부 농산물에 대해 최소허용기준을 적용하지 않기로 합의하고 이를 부속서에 규정하고 있다.

② 누적기준

누적기준은 비원산지 재료나 부품을 사용할 수 있도록 허용하는 것으로, 이것이 도입되면 특정 국가에서 수입한 비원산지 재료가 특혜를 받는 국가 내에서 역내산으로 간주될 수 있다. 사실 누적기준은 실제로는 FTA 체결국의 한 당사국(수출국) 내에서 완전히 생산되었거나 실질적인 변경을 거친 제품만이 FTA 체결 상대국(수입국)으로부터 특혜조치를 받을 수 있다는 원산지 규정의 기본조건에서 벗어나는 것이다. 원자재가 협정 밖의 국가에서 수입될 때에는 실질적 변경이라는 기준을 충족해야 하지만, 같은 원자재가 협정 대상국에서 수입될 때는 덜 엄격한 다른 기준을 적용하여 특혜지위를 부여할 수 있다는 뜻이다.

누적기준 형태로는 양자간 누적(bilateral Cumulation), 완전누적(full-cumulation), 유사누적(diagonal cumulation) 등 세 가지가 있다.

양자간 누적은 특혜를 받고자 하는 국가의 원산지 인증을 받지는 못했더라도 무역협정(RTA: Regional Trade Agreement) 당사국 중 한 국가가 원산지인 재료를 사용할 경우 FTA의 당사국들 사이에 원산지로 인정하는 방식이다.

완전누적은 상기의 누적기준 적용 시 단일의 특혜 영역으로 간주되는 복수국가간 FTA에서 적용되는 방식이다.

유사누적은 당해 RTA의 당사국이 아닌 일정 국가들에 의해 공급된 재료가 일정조건하에서 “역내산”으로 간주되는 방식이다.

이러한 누적원산지 인증제도는 역내산 부품 또는 재료의 사용을 촉진하여 역내간 교역과 투자를 증진시키는 효과가 있다. 현재 한국이 체결한 모든 FTA는 누적기준 중 양자간 누적만을 적용하고 있다. 다만 한·EFTA FTA의 경우 4개국으로 구성된 EFTA의 특성을 고려하여 역내국간 누적에 대한 특례조항이 추가로 도입되었다. 또한 한국이 체결한 모든 FTA에서는 부가가치누적, 재료누적과 공정누적이 모두 허용되고 있다.

③ 롤업원칙

롤업원칙은 비원산지 재료가 일정한 가공요건을 충족하여 원산지 지위를 획득하고 또 최종 제품에 사용되면 해당 재료는 100% 역내산으로 간주되는 방식이다. 이는 흡수원칙(absorption/takeover principle)이라고도 하는데, 역내산 재료의 사용과 역내가공을 촉진하는 효과가 있다.

이에 반해 역외산 재료 수입과 역내 가공을 통해 생산된 중간부품이 역내산으로 인정받지 못하면, 여기에 투입된 역내 부품과 부가가치도 역내산으로 인정받지 못하는 방식을 롤다운(roll-down)원칙이라고 한다.

현재 한국이 체결한 모든 FTA에서는 롤업(roll-up)원칙만이 적용되고 있다. 다만 한·칠레와 한·싱가포르 및 한·ASEAN FTA에서는 중간재에 대해, 그리고 한·미 FTA에서는 자가생산품에 대해 롤다운원칙을 적용하고 있다. 한·EFTA FTA에서는 명시적인 규정이 없으나 실질적으로는 롤업원칙을 적용하는 것으로 해석된다.

④ 불인정공정기준

불인정공정은 모든 상황을 고려하여 원산지를 부여하기에 불충분하다고 인정되는 공정을 의미하며, 대개 별도의 리스트로 규정되어 있다. 즉 해당 물품이 원산지 기준을 충족하더라도 역내에서 수행된 공정이 단순·경미한 작업 등에 불과한 경우에는 원산지를 인정하지 않는 기준을 말하며, 최소가공(minimal process)기준 또는 불충분가공(insufficient working or processing)기준이라고도 한다. 불인정공정기준은 우회수입 또는 관세회피의 수단으로 악용되는 것을 막기 위해 도입되었다.

한·칠레 FTA, 한·싱가포르 FTA, 한·EFTA FTA와 한·ASEAN FTA는 불인정공정기준을 적용하고 있으나, 그 적용기준에 대하여 별도로 명시하지는 않고 있다. 다만 불인정공정기준의 표기방식에서는 차이가 있다. 한·ASEAN FTA와 한·EFTA FTA에서는 열거방식(exhaustive list)으로 규정되어 있는 반면, 한·싱가포르 FTA와 한·칠레 FTA에서는 예시방식(illustrative list)으로 규정되어 있다.

⑤ 부속품·예비 부분품 및 공구 등과 포장재료의 원산지 결정

한국이 체결한 주요 FTA는 부속품, 예비부분품 및 공구 등이 본제품과 같이 수입되어 판매되고 그 종류 및 수량으로 보아 통상적으로 인정받을 수 있으면 본제품의 원산지 기준을 따르도록 규정하고 있다. 다만 부속품 등을 별도로 수입하거나 통상 인정되는 수량보다 많은 경우에는 이 기준이 적용되지 아니한다. 칠레, 싱가포르, ASEAN, 미국과의 FTA에서는 부속품 등의 원산지 기준과 관련하여 본 제품에 세번변경기준이 적용되면 본제품의

원산지를 따르고, 부가가치기준이 적용되면 부가가치율 계산에 포함하도록 규정하고 있다. 다만 한·EFTA FTA는 전체적으로 본제품의 원산지를 따른다고 규정하고 있다.

⑥ 대체가능물품 및 재료의 원산지 판정

대체가능물품 및 재료(fungible goods and materials)란 종류 및 상업적 가치가 같은 재료로서 동일한 기술적·물리적 특성을 지니며, 일단 최종재에 결합되면 본래의 목적상 어떤 표지(標識, sign)에 의해서도 서로 구별되지 아니하는 것을 말하는 것으로 곡물, 과일, 석탄 등의 산물과 볼트, 너트, 베어링, 타이어 등의 범용성 부분품 등이 여기에 포함된다. 이들 물품들은 상업적으로 원산지 구분의 필요성이 낮을 뿐만 아니라 혼합 보관에 따른 수출 물품의 원산지 결정을 용이하게 할 필요성이 있어 주요 FTA는 대체가능물품과 재료에 대해 별도의 규정을 도입하고 있다. 이 물품과 재료들은 수입산과 혼용하여 포장판매하거나 제품생산에 혼용하여 사용하는 경우 원산지와 비원산지를 구분하지 않고 있다. 다만 재료가격의 산정기준은 일반적으로 인정된 각 회사의 재고물품 관리법(개별법, 선입선출법, 후입선출법, 평균법)에 따른다.

⑦ 간접재료 또는 중립요소

간접재료(indirect material)란 상품의 생산, 시험 또는 검사 과정에서 사용되지만 물리적으로는 그 상품에 포함되지는 않는 상품 또는 상품생산과 관련된 건물의 유지나 설비의 작동에 사용되는 상품을 말한다. 중립요소(neutral elements)란 상품의 원산지를 판정하기 위하여 상품의 생산에 사용되지만 그 상품에 결합되지 아니하는 요소를 말한다.

한·칠레 FTA에서는 간접재료를 생산 지역에 관계없이 원산지 재료로 간주하고 있다. 그러나 한·싱가포르 FTA, 한·EFTA FTA, 한·ASEAN FTA 및 한·미 FTA에서는 간접재료나 중립적 요소를 상품의 원산지 결정 시 고려하지 않고 있다.

라. 원산지 인정의 특혜

한·칠레 FTA를 제외하면 최근 한국이 체결한 FTA에서는 보편적으로 사용되는 원산지 결정기준 원칙과 이를 보완하는 보충적 결정기준 외에도 상대국의 지형적 특수성과 수평적 산업구조의 특성 등을 고려한 원산지특례 조항을 도입하고 있다.

① 역외가공 인정제도

역외가공(outward processing)이란 FTA 체결 당사국 내에서 반제품을 생산한 후 이를 수출하여 제3국에서 가공하고 다시 해당 당사국 내로 재수입하여 최종 제품을 만든 후 이를 상대 체결당사국에 수출하는 물품에 대해 예외적으로 원산지를 인정하는 것을 말하며 해외 임가공물품이 주요 대상이 된다.

한국이 체결한 FTA에서 적용하고 있는 역외가공 인정제도는 역외가공에 대한 품목제한 없이 모든 물품에 대해 인정하는 일반적 역외가공 기준과 HS 6단위 또는 HS 10단위 기준으로 일부 품목에 대해서만 인정하는 제한적 역외가공 기준으로 구분할 수 있다. 한·EFTA FTA는 양 기준 모두를 적용하고 있고, 한·싱가포르 FTA와 한·ASEAN FTA는 제한적 역외가공 기준을 채택하고 있다. 한·EFTA FTA가 규정하고 있는 일반적 역외가공 인정기준은 역외가공 비율이 10% 이하인 경우에 인정되며, 한·싱가포르 FTA와 한·EFTA FTA 및 한·ASEAN FTA가 채택하고 있는 제한적 역외가공 인정제도는 물품요건, 대상품목, 인적요건, 대상지역, 인정요건 등이 각각 상이하다. 이 중 제한적 역외가공 인정은 사실상 개성공업지구 생산품에 대한 원산지특례를 인정하기 위해 도입한 것으로 볼 수 있다.

반면 한·미 FTA는 개성공업지구를 포함한 역외가공지역(OPZ: Outward Processing Zone)을 지정할 수 있는 한반도 역외가공 지역위원회(Committee on Outward Processing Zone on the Korean Peninsula)를 설치할 수 있는 근거를 협정문에 명시하고 있다.

② 개성공업지구 생산품

개성공업지구 생산품에 대한 원산지를 한국으로 인정하는 원산지 예외규정을 처음으로 협정문에 적시한 것은 한·싱가포르 FTA이다. 한·싱가포르 FTA에 따르면, 대상지역은 "개성공업지구와 한반도 내의 그 밖의 공업지구"(한·싱가포르 FTA 협정문 부속서 4B 제2절)로 규정되어 있는바, 북한 내 다른 공업지구도 포함될 수 있다. 다만 한국에서 싱가포르로 직접 수출되는 직접운송요건을 충족해야 한다.

싱가포르가 이미 거의 대부분의 품목에 대해 무관세를 적용하고 있어 역외가공 인정으로 인한 실질적인 혜택은 기대하기 어려운 점이 있으나, 개성공업지구 제품에 대한 역외가공을 최초로 인정한 FTA라는 점에서 큰 의미를 가지고 있다.

2005년 12월 체결한 한·EFTA FTA는 특히 역외가공지역에 대한 제한을 두지 않지만 적용대상은 개성공업지구에서 생산하고 있거나 생산될 예정인 HS 6단위 267개 품목으로 제한되고 있다. 반면 한·ASEAN FTA에서는 북한의 개성시와 그 인근에 위치한 공업지구만을 역외가공지역으로 인정하고 있다. 이에 따라 해당 품목도 개성공업지구에서 생산되거나 생산 예정인 품목(HS 6단위 기준)에 한정된다. 한·미 FTA는 아직 개성공업지구 생산물품에 대한 역외가공 인정제도를 허용하지 않고 있으나, 추후 협상을 통해 개성공업지구 제품에 대한 원산지 예외규정을 인정받을 수 있는 협의조항을 명시하고 있다.

2. 품목별 원산지 규정

위에서 살펴본 바와 같이 한국이 체결한 FTA 원산지 규정은 협정 대상에 따라 그 조건과 기준이 상이하여 공통된 기준을 찾기가 어렵다. 또 개별 FTA 협정마다 별도의 품목별 기준을 추가로 규정하고 있어 그 복잡성은 더욱 확대되고 있으며, 수출입 기업의 입장에서는 복잡하고 번거로운 확인 절차와 이에 따른 비용증가를 감수해야 한다.

한국이 체결한 여러 FTA 협정에서는 부속서의 형태로 품목별 원산지 규정을 명시하고 있는바, 그 내용은 [표 3-3]에 표기된 바와 같다.

[표 3-3] 품목별 원산지 결정기준

규정	한·칠레	한·싱가포르	한·EFTA	한·ASEAN	한·미	총계
CC	1,090	676	89	3	802	2,660
CC or CH*					3	3
CC or CH*/CS*+RVC					1	1
CC or CH* +RVC					25	25
CC or CH +RVC	44	5				49
CC or CS*					41	41
CC or CS*+RVC					30	30
CC or CS+RVC	39				2	41
CC or RVC	16			243	61	320
CC or RVC+TECH			41			41

규정	한·칠레	한·싱가포르	한·EFTA	한·ASEAN	한·미	총계
CC or TECH	10	1				11
CC+ECTC	293	216	31		464	1,004
CC+ECTC or CH*+RVC	1				1	2
CC+ECTC or CS*					9	9
CC+ECTC+RM					2	2
CC+ECTC+TECH	293	61	25		287	666
CC+ECTC+TECH or CS*+TECH					3	3
CC+RM				2		2
CC+RM or RVC+RM				11		11
CC+RM+TECH or RVC				64		64
CC+RVC	80	68	31	2		181
CC+TECH	1	230	231		6	468
CC+TECH or RVC				227		227
CC+TECH or RVC+TECH			34			34
CH	1,200	2,803	1,469	9	1,768	7,249
CH or CH*+RVC					1	1
CH or CS*+RVC					87	87
CH or CS+ECTC+RVC	1	9				10
CH or CS+RVC	345	360			69	774
CH or CS+TECH					8	8
CH or RVC	723	23	1,852	4,014	47	6,659
CH or RVC*					4	4
CH or RVC+TECH			249			249
CH or TECH or RVC				21		21
CH+ECTC	416	175	53	2	403	1,049
CH+ECTC or CH*+RVC	74				24	98
CH+ECTC or CH+RVC		74			2	76
CH+ECTC or CS*					14	14

규정	한·칠레	한·싱가포르	한·EFTA	한·ASEAN	한·미	총계
CH+ECTC or CS* or CS*+RVC					3	3
CH+ECTC or RVC	1		210	20		231
CH+ECTC or TECH					4	4
CH+ECTC+RVC	102		1		9	112
CH+RM			5	1	1	7
CH+RM or RVC				3		3
CH+RM or RVC+RM				13		13
CH+RVC	240	355	117	4	119	835
CH+RVC or CS*+RVC					7	7
CH+RVC or RVC			34			34
CS	77	117	34		630	858
CS or RVC	5	1		61	82	149
CS* or CH or RVC	1					1
CS*+RVC					2	2
CS+ECTC	13				91	104
CS+ECTC or CS*+RVC					24	24
CS+ECTC+RVC	8					8
CS+RVC	98	19			8	125
RM			478			478
RVC	30	31	201	61	31	354
RVC+RM			12	5		17
WO			23	458		481
기타	23		4		49	76
총합계	5,224	5,224	5,224	5,224	5,224	26,120

주: CC(HS 2단위 세번변경), CH(HS 4단위 세번변경), CS(HS 6단위 세번변경), RVC(Regional Value Content: 부가가치기준), RM(Requirement on Materials: 원재료에 대한 충족조건), TECH(특정공정기준), ECTC(적용에서 제외되는 세번 존재), WO(Wholly Obtained: 완전생산기준), CH*/CS*(각 결정기준에서 명시된 4단위/6단위에서의 세번변경), RVC*(특정 세번에 한해 부가가치기준 적용)

자료: [표 3-1]과 동일, pp. 92~93.

일본의 경우 일·ASEAN EPA를 비롯하여 일본이 ASEAN 6개 회원국과 체결한 EPA와 일·칠레 및 일·멕시코 EPA에서는 품목별 원산지 규정이 활용되고 있다. 반면 중국과 파키스탄 간에 맺어진 FTA에서는 품목별 원산지 규정이 없었으나 추후 추가 협상에서 일부 품목에 대한 품목별 원산지 규정에 합의하였다.

품목별 원산지 규정이 활용되는 까닭은 일반적 원산지 규정만으로는 일국에서 완전 생산되지 않은 품목에 대해 실질적 변경 여부를 결정하는 데 한계가 있기 때문이다. 일반적 원산지 결정기준을 보완하기 위해 보충적 원산지 결정기준이 도입되기도 하지만, 수만 가지 품목의 실질적 변형 여부를 10여 개의 기준으로 나누기에는 한계가 있다. 또한 경직된 원산지 규정의 적용이 FTA 체결국간 교역을 확대한다는 FTA 취지에 반하는 무역장벽으로 작용할 수 있다는 점도 품목별 원산지 규정을 마련하는 배경이 되고 있다.

원산지를 결정함에 있어 더욱 관심의 대상이 되는 것은 품목별로 적용되는 원산지 결정기준의 유사성과 차별성이다. 동일한 품목에 대한 원산지 결정기준이 서로 상이할 경우, 여러 지역에 수출을 하는 생산자는 다양한 원산지 규정을 맞추기 위해 각기 다른 원재료 조달 및 생산방식을 채택해야 하는 문제에 직면할 수 있기 때문이다.

따라서 FTA별 원산지 규정의 수직적 분포를 살펴보는 것 외에도 품목별 원산지 규정을 수평적으로 살펴볼 필요가 있다. 품목별 원산지 기준은 협정별, 품목별 내용이 모두 상이하여 교과서를 통해서는 그 내용을 개괄하기가 어려우므로 별도의 실무지침자료를 확인해 보아야 한다. 여기서는 [표 3-3]과 [표 3-4]를 통해 한국의 FTA 협정에 나타난 품목별·산업별 원산지 판정기준을 확인하는 것으로 설명을 대신하고자 한다.

[표 3-4] 품목별 원산지 결정기준: 운송기기

규정	한·칠레	한·싱가포르	한·EFTA	한·ASEAN	한·미	총계
CC+RVC	1					1
CH		18			4	22
CH or CS*+RVC					17	17
CH or CS+RVC		6				6
CH or RVC	48		73	51	3	175
CH+ECTC or CH*+RVC					9	9
CH+ECTC or RVC			1			1
CH+RVC		52				52
CH+RVC or RVC			2			2
CS or RVC					15	15
RVC	27			25	28	80
소계	76	76	76	76	76	380

주: 약어 설명은 [표 3-3] 참고.

자료: [표 3-1]과 동일, p. 105.

3. 원산지 증명 및 검증

한국의 원산지 관련 규정은 1974년 〈세관절차의 간소화 및 조화에 관한 국제협약〉(교토협약)의 원산지 관련 부속서에 근거를 두고 있다. 한국은 1990년 5월 원산지 규정(DI) 및 원산지등록에 관한 부속서(D2)에 가입하였다.

원산지 관련 법률체계는 특혜원산지규정인 관세법과 비특혜원산지규정인 대외무역법을 기본축으로 하고 있다. 특혜원산지규정을 규율하는 것으로는 관세법 외에도 「T남북교류협력에 관한 법률」 등이 있으며, 비특혜원산지 규정을 다루는 것으로는 대외무역법 외에도 「농·수산물 품질관리법」, 「표시·광고의 공정화에 관한 법률」 등이 있다.

한편 한국의 FTA 체결이 활성화되면서 FTA 원산지 규정에 관한 법령이 제정되었는데, 「자유무역협정의 이행을 위한 관세법의 특례에 관한 법률」(2005. 12. 31. 제정, 2008. 2. 29. 개정), 「자유무역협정의 이행을 위한 관세법의 특례에 관한 법률 시행령」(2006. 2. 9. 제정, 2008. 2. 29. 개정), 「자유무역협정의 이행을 위한 관세법의 특례에 관한 법률시행규칙」(2006. 2. 28. 제정, 2008. 7. 15. 개정), 「자유무역협정의 이행을 위한 관세법의 특례에 관한 법률 사무처리에 관한 고시」(2007. 6. 1.) 등이 바로 그것이다.

(1) 원산지 증명

한국이 체결한 FTA의 원산지 규정 이행에 관한 절차는 협정에 따라 통관절차에 대한 장이나 별도의 부속서에 규정되어 있다. FTA별로 경미한 차이가 있으나 원산지 증명과 검증, 비밀유지와 기록보관의 의무, 사전심사 등의 내용을 공통적으로 담고 있다.

한국이 체결한 FTA의 원산지 증명 방식은 FTA별로 다르다. 한·싱가포르 FTA, 한·ASEAN FTA, 한·인도 FTA 등 아시아 국가들과의 FTA에서는 기관발급제를 채택하였고, 한·칠레 FTA, 한·EFTA FTA, 한·미 FTA 등 구미 국가들과의 FTA에서는 자율발급제를 채택하였다.

기관발급제인 한·싱가포르 FTA, 한·ASEAN FTA는 생산자 또는 수출자가 당해 물품의 FTA 해당품목 여부 및 원재료 구입 경로를 확인하여 수출신고필증, 상업송장 등의 제출근거서류와 함께 신청양식에 따라 원산지 증명서를 작성하여 지정된 발급기관에 발급 신청을 하면 된다. 한·싱가포르 FTA는 양 국가에서 각각 택한 2개의 원산지 증명 서식으로 발급일로부터 12개월간 유효하며, 한·ASEAN FTA는 하나의 통일된 원산지 증명 서식으로 발급일로부터 6개월간 유효하다.

한·칠레 FTA, 한·EFTA FTA와 한·미 FTA는 모두 자율발급제를 채택하고 있으나 증명주체, 원산지 증명 방법과 유효기간에는 차이가 있다. 한·칠레 FTA 원산지 증명서는 양국의 통일된 단일 형식으로 서명일자로부터 2년간 유효하다. 한·EFTA FTA에서는 당해 물품을 세부적이고 명확하게 설명할 수 있는 송장 및 상업 서류로 물품의 원산지 증명서를 대체할 수 있게 하였으며, 원산지 상품을 빈번하게 선적하는 수출자에 한하여 세관인증번호를 기재하면 서명 없이 작성된 원산지신고서도 인증해 주는 인증수출자 프로그램을 도입하였다.

또한 한·미 FTA는 한국이 기존에 체결한 다른 협정들과는 달리 수출자와 생산자뿐만 아니라 수입자도 원산지 증명서를 작성할 수 있도록 하여 통관 행정 비용을 줄이고 사용자 편의를 향상시켰으며, 원산지 증명서 역시 특정형식 없이 필수사항[7]만 기재하도록 하였다.

---

7) 원산지 증명서의 필수기재 사항은 다음과 같다. ① 필요한 경우 연락처 또는 그 밖의 신원확인정보, 증명인의 성명, ② 상품의 수입자(아는 경우에 한함), ③ 상품의 수출자(생산자와 다른 경우에 한함), ④ 상품의 생산자(아는 경우에 한함), ⑤ 통일 상품명 및 부호체계에 따른 품목분류와 품명, ⑥ 상품이 원산지 상품임을 증명하는 정보, ⑦ 증명일, ⑧ 증명일로부터 12개월을 초과하지 않는 기간 내에 동일상품의 복수 선적에 따라 발급되는 포괄증명의 경우 증명 유효기간.

[표 3-5] 한국 FTA의 원산지 증명 방식

구분	한·칠레 FTA	한·싱가포르 FTA	한·EFTA FTA	한·ASEAN FTA	한·인도 FTA	한·미 FTA	한·EU FTA
증명 방식	자율증명	기관증명	자율증명	기관증명	기관발급	자율증명	자율증명
증명 주체	수출자	한국: 관세청, 대한상공회의소 싱가포르: 싱가포르 세관	수출자 또는 생산자	한국: 관세청, 대한상공회의소 ASEAN:국가별 지정기관	한국: 관세청, 대한상공회의소 인도: 인도수출 검사위원회	수출자 생산자 수입자	수출자
증명 방법	양국간 통일증명 서식	양국 각자증명 서식	인보이스 신고방식	양국간 통일증명 서식	양국간 통일증명 서식	무형식 (필수사항만 기재)	인보이스 신고방식
유효 기간	2년	12개월	12개월	6개월	12개월	4년	12개월

자료: 조미진 외, 『동아시아 FTA를 대비한 한국원산지 규정 추진 방안』, 연구보고서, 10-04, KIEP 2010, p. 72.

[표 3-6] 한국 FTA의 원산지 검증 방식

구분	한·칠레 FTA	한·싱가포르 FTA	한·EFTA FTA	한·ASEAN FTA	한·인도 FTA	한·미 FTA	한·EU FTA
검증 방법	직접검증	직접검증	제한적 간접검증	先 간접검증 後 직접검증	先 간접검증 後 직접검증	직접검증 (섬유·의류는 간접검증 및 공동검증)	간접검증 및 공동검증
검증 주체	수입국	수입국	수출국	先 수출국 後 수입국	先 수출국 後 수입국	수출국 (섬유·의류는 수입국)	수출국 및 수입국

자료: [표 3-5]와 동일, p. 73.

(2) 원산지 검증

한·칠레 FTA, 한·싱가포르 FTA, 한·미 FTA(섬유·의류산업 제외)는 직접검증 방식을, 한·ASEAN은 선(先) 간접검증 후(後) 직접검증 방식을, 한·EFTA FTA는 제한적 간접검증 방식을 채택하였다.

한·칠레 FTA, 한·싱가포르 FTA, 한·미 FTA(섬유·의류 사업 제외)에서는 수입국이 수출국의 수출자 및 생산자에게 증빙자료를 요청(서면질의서 형식으로도 가능)하면, 통보받은 수출자나 생산자는 일정 기간 안에 이에 대한 회신을 하도록 규정하고 있다. 한·칠레 FTA, 한·싱가포르 FTA의 경우 서면 요청을 받은 날로부터 30일 이내에 답변을 회신해야 하고, 이 기간 동안 30일을 초과하지 않는 범위에서 1회 연장이 가능하다. 정해진 기간 안에 회신하지 않은 경우나, 회신 내용이 허위이거나 미흡할 경우 수입국은 해당 품목에 대한 특혜관세 부여를 거부할 수 있다. 서면 조사 단계만으로 불충분할 경우 수입당사국이 직접 타방 당사국의 수출자나 생산자의 사업장을 방문하여 조사할 수 있는데, 이러한 현지 방문조사 절차는 NAFTA 절차방식과 동일하다.

한·미 FTA에서는 현지 방문조사 결과가 원산지 요건을 충족하지 못하였다고 판단될 경우 수입자에게 이러한 예비결정 내용을 통보하고 추가정보를 제출할 수 있는 기회를 제공한다. 이때 수출자나 생산자가 수입자를 거치지 않고 직접 수입국에 관련 서류들을 제출할 수 있다. 추가정보를 제출할 수 있는 기회를 제공한 후 수입국은 원산지 상품 여부에 대한 최종 결정을 수입자에게 서면으로 통보한다.

한·미 FTA에서는 섬유·의류 산업의 원산지 검증을 '섬유 및 의류 장'에 별도로 규정하였으며, 수입국의 요청이 있을 시 수출 당사국이 검증을 실시하는 간접검증과 수출국과 수입국이 함께 사업장을 방문하여 검증을 하는 공동검증방식을 채택하였다. 이러한 방문검증은 증거의 인멸이나 변경을 우려하여 사전 통보 없이 진행된다.

한·ASEAN FTA의 검증방식은 '선(先) 간접검증 후(後) 직접검증'으로 서류의 진정성 또는 원산지 정보의 정확성에 대해 합리적인 의심이 들 경우 수입국이 수출국의 발급기관에 언제든지 사후검증을 요청할 수 있다. 사후검증을 요청받아 검증한 결과가 만족스럽지 않은 경우 수입 당사국이 직접 수출자나 생산자의 사업장을 방문하여 검증을 실시할 수 있다. 이러한 현지 방문조사 절차는 한·칠레 FTA나 한·싱가포르 FTA와 동일하며, 6개월 이내에 완료되어야 한다.

한·EFTA FTA는 제한적 간접검증 방식으로, 수입국 관세당국은 원산지 신고서의 진정성, 신고서에 포함된 정보의 정확성 검증을 위해 언제든지 사후검증을 요청할 수 있다. 수입국 관세당국이 조회 사유를 기재하여 원산지신고서 또는 사본을 수출국의 관세당국에 송부하면 수출국은 검증을 수행해야 하며 이러한 검증과정에서 수입국의 세관 공무원이 참관인으로 참여할 수 있다. 검증 요청일로부터 10개월 이내에 회신이 없거나 해당서류의 진정성 또는 원산지 요건을 충족하지 못한 경우, 수입국은 해당 물품에 대해 특혜관세대우를 배제할 수 있다.

(3) 비밀유지와 서류보관 의무

각 당사국은 정보 제공자의 경제적 이익이 침해되지 않도록 원산지 발급 절차상 취득한 영업 정보를 자국 국내법에 따라 유지하고 보호해야 한다. 수출자와 생산자, 그리고 수입자 역시 원산지 증명서 및 관련 서류들을 각 당사국의 국내법 및 관행에 따라 협정문에 명시된 기간 동안 유지해야 할 의무가 있다. 수출자와 생산자는 수출된 상품의 구입비용, 가격 및 이에 대한 지불, 수출된 상품의 생산에 사용된 간접재료를 포함한 모든 재료의 구입비용 및 상품의 생산 등 원산지 관련 모든 기록(전산기록 포함)을 보관해야 하며, 수입자 역시 원산지 증명서 사본을 포함한 관련 서류를 보관해야 한다. 명시 기간은 FTA 협정문마다 상이하다.

(4) 사전판정(심사)

한·칠레 FTA, 한·싱가포르 FTA, 한·미 FTA는 자국의 수입자나 수출국의 수출자 또는 생산자의 요청이 있을 경우 상품이 자국 영역으로 수입되기 전에 상품의 원산지 요건 충족 여부에 관한 사전 판정서를 각 당사국이 발급하도록 규정하고 있다. 수입 당사국은 품목 분류, 관세평가협정에 따른 관세평가기준의 적용, 원산지 상품 여부 등을 심사하고 사전판정 신청인에게 언제든지 보충적 추가정보를 요청할 수 있으며, 명시된 기간 안에 판정을 내려야 한다. 한·싱가포르 FTA는 필요한 모든 정보를 획득한 날로부터 90일 이내, 한·싱가포르 FTA는 사전판정 요청을 접수한 후 90일 이내에 각각 사전 판정서를 발급해야 한다.

사전판정 신청인이 허위정보를 제공하거나 관련 사실을 누락한 경우나, 판정 조건에 따라 행동하지 못한 경우에는 벌금을 부과하거나 이에 합당한 적절한 조치를 취할 수 있다.

4. 원산지 규정 관련 국내 처벌 법규

한국은 2004년 3월 「한·칠레 FTA 관세특례법」을 제정하여 한·칠레 FTA 이행에 대한 국내 법적 근거를 마련하였고, 이후 정부의 FTA 확대정책을 반영하여 2005년 12월 「자유무역협정의 이행을 위한 관세법의 특례에 관한 법률」을 제정하였다. 이로써 한·칠레 FTA를 제외한 한·싱가포르 FTA, 한·EFTA FTA, 한·ASEAN FTA 등 기 체결한 또는 향후 체결하게 될 FTA에 대한 법적 이행 절차가 마련된 것이다. FTA 관세특례법은 FTA 이행에 필요한 관세의 부과·징수 및 감면, 수출입물품의 통관 등 「관세법」특례에 관한 사항과 체약 상대국가의 관세행정 협조에 관한 사항을 규정하고 있다.

원산지 규정 위반 시 부과되는 처벌유형과 처벌수준은 FTA 관세특례법의 제22조(벌칙)와 제24조(과태료)에 규정되어 있으며, 특례법에 해당되지 않는 위반 행위는 일반 법률인 「관세법」에 따른다. FTA 관세특례법 제22조(벌칙)에 의하면 원산지 결정을 위해 수입자, 수출자 및 생산자가 제출한 서류를 제출자의 동의 없이 타인에게 제공 또는 누설할 경우 3년 이하의 징역 또는 3천만 원 이하의 벌금이 부과된다. 또한 원산지증빙서류의 허위 발급이나 작성, 용도에 따라 세율이 다르게 정해지는 물품의 당해 용도 외 사용, 관세를 면제받은 특정 물품의 당해용도 외 사용, 관련 서류의 미보관의 경우 2천만 원 이하의 벌금이 부과된다. 단 과실에 의한 경우 300만 원 이하의 벌금이 부과된다.

제24조(과태료)에 따르면 정해진 기간 내에 서류를 제출하지 않거나, 서면 또는 현지조사를 거부·방해 또는 기피한 자에게는 1천만 원 이하의 과태료가 부과된다. 또 용도에 따라 세율이 달라지는 물품을 승인 없이 낮은 세율이 적용되는 용도에 사용하거나, 원산지증빙서류의 오류통보를 받고도 세액 정정 및 수정 신고를 하지 않은 경우에는 500만 원 이하의 과태료가 부과된다. 또한 수입자의 경우 허위로 신고하거나 신고하지 않은 경우, 수입에 필요한 조건을 구비하지 않거나 부정한 방법으로 구비하여 수입한 경우, 부정한 방법으로 관세 감면이나 관세 환급을 받은 경우에는 관세법 제270조(관세포탈죄 등)를 적용하여 3년 이하의 징역이나 일정 금액을 초과하지 않는 범위 내에서 벌금을 부과하게 된다.

ECONOMICS

제4장 ▸ 한국의 FTA 정책

제1절 ▸ 한국의 FTA 추진 현황

1. FTA 추진 배경

1990년대 말까지 한국은 무역자유화 협상에서 GATT/WTO가 주도하는 다자주의 노선을 지지해 왔다. 그러나 2000년대 초반부터는 다자주의의 한계점이 노출되고 그 대안으로 지역주의가 새로운 국제무역질서로 자리잡아 감에 따라 우리나라도 FTA를 중심으로 하는 지역주의 노선을 선택하게 되었다. 제1장에서 설명한 바와 같이 1990년대 이후의 지역주의는 개방적 지역주의를 통해 다자주의와 기능적으로 양립성을 유지하고 있으며, 다자주의에서 다루지 못했던 지역공공재 문제와 자유무역의 무임승차 문제를 효율적으로 관리하는 등의 긍정적 기능을 가지고 있다.

그뿐만 아니라 WTO 체제 이후의 FTA에서는 상품에 대한 관세철폐 외에도 서비스, 투자, 지적재산권, 정부조달, 경쟁정책, 무역구제제도 등 정책의 조화에 이르기까지 FTA 협정의 범위가 점차 확대되고 있다. 그 결과 FTA를 통한 지역주의는 WTO 수준 이상의 무역자유화를 이루어 가는 수단으로 활용되었고, 이를 통해 FTA는 다자주의를 보완하는 21세기형 국제경제질서로 자리를 굳혀 가고 있다. 이러한 국제경제환경 변화에 따라 경제의 대외 의존도가 높고 선진형 개방경제를 지향하고 있는 한국으로서는 새로운 국제질서로 정착되고 있는 지역주의를 주어진 통상환경으로 받아들이지 않을 수 없게 되었으며, 지역주의의 구체적 실현수단으로 FTA를 선택하게 된 것이다.

특히 수출 위주의 성장정책을 유지하고 있는 한국경제로서는 2000년대 이후 수출 상대국들의 FTA 결성으로 인한 상대적 불이익을 회피하고 안정적인 해외시장을 확보하는 차원에서 적극적인 FTA를 추진하지 않을 수 없게 되었다. 그 밖에도 경제의 선진화, 제도의 선진화를 촉진하고 국제사회에서의 신인도(信認度)와 대외협상력을 제고하며, 한반도의 안보여건 조성에도 기여할 수 있다는 등의 정치·외교적 동기가 동시에 작용하여 2000년대 들어서는 한국 역시 적극적인 FTA 확대 정책을 추진해 오고 있다.

2. FTA 체결 현황

1990년대 말까지 한국은 다자주의 노선을 주장해 온 결과 FTA 체결에서는 후발국 입장에 있었다. 그러나 위에서 지적한 바와 같은 동기로 2000년대 들어서는 FTA 확대 정책을 적극적으로 추진해 왔으며, 그 결과 2014년 9월 현재 총 12건의 FTA 협정을 타결했고 이 중 9건은 발효된 상태이다. 2002년 타결되어 2004년 발효된 칠레와의 FTA를 시작으로 싱가포르, EFTA, ASEAN 등과 FTA 협상을 체결하였으며, 2009년에는 BRICs 국가인 인도와 자유무역과 경제교류를 확대하는 '포괄적 경제동반자 협정'(CEPA: Comprehensive Economic Partnership Agreement)을 체결하였다. 특히 거대 경제권인 EU에 이어 2012

년 3월부터 미국과의 FTA가 발효됨으로써 주요 수출시장을 안정적으로 확보하는 제도적 기반을 마련하게 되었다. 거대 선진 경제권과의 FTA 체결은 경쟁력 면에서 한국경제에 부담이 될 수도 있으나, 경쟁을 통해 경제적 체질을 강화하고 경제구조를 선진화하는 데 도움이 될 수 있다는 점에서는 긍정적 효과가 클 것으로 기대된다.

한국은 이 외에도 2012년에 페루, 터키, 콜롬비아 등 신흥국과 FTA를 체결했다. 2014년 현재 한국이 체결한 FTA 규모는 총 12건에 50개국에 달하는데, 이들 국가들의 총 경제규모는 전 세계 GDP의 약 60%에 해당한다. 그리고 2014년 현재 한국은 한·중 FTA 및 한·중·일 FTA 협상을 진행하고 있으며, 2005년 이후 중단된 한·일 FTA 재개를 준비하고 있다. 이 외에도 한국은 현재 RCEP, TPP 등 역내 다자간 FTA 협상에도 참여하고 있다. 최대 수출시장인 동북아 주변의 중국, 일본과 FTA가 체결되고 준비 중인 아태지역의 다자간 FTA가 타결된다면 한국의 대외 무역은 사실상 FTA 협정 내용에 의해 관리되고 지원되는 형태로 바뀔 전망이다. 그런 만큼 기업의 입장에서는 속속 체결되고 있는 FTA 협정 내용에 관심을 가져야 하며, 정부에서는 국내 산업의 경쟁력 구조를 고려한 국익 극대화 목표를 수립하여 FTA에 대한 협상전략을 마련해 가야 할 것이다.

한국의 FTA 추진 현황(2012년 말 현재)

1. 발효된 FTA 협정

칠레: '99. 12. 협상 개시, '03. 2. 서명, '04. 4. 발효
최초의 FTA, 중남미시장의 교두보

싱가포르: '04. 1. 협상 개시, '05. 8. 서명, '06. 3. 발효
ASEAN 시장의 교두보

EFTA(4개국): '05. 1. 협상 개시, '05. 12. 서명, '06. 9. 발효
유럽시장의 교두보

ASEAN(10개국): '05. 2. 협상 개시, '06. 8. 상품무역협정 서명,
'07. 6. 발효, '07. 11. 서비스협정 서명, '09. 5. 발효,
'09. 6. 투자협정 서명, '09. 9. 발효
우리의 제2위 교역대상(2011년 기준)

인도: '06. 3. 협상 개시, '09. 8. 서명, '10. 1. 발효
BRICs 국가, 거대시장

EU: '07. 5. 협상 출범, '09. 7. 협상 실질 타결, '09. 10. 15. 가서명,
'10. 10. 6. 서명, '11. 7. 1. 잠정 발효
세계 최대경제권(GDP 기준)

페루: '09. 3. 협상 개시, '10. 8. 협상 타결,
'10. 11. 15. 가서명, '11. 3. 21. 서명, '11. 8. 1. 발효
자원부국, 중남미 진출의 교두보

미국: '06. 6. 협상 개시, '07. 6. 협정 서명, '10. 12. 추가 협상 타결,
'11. 10. 22. '한·미 FTA 이행법' 미 의회 상·하원 통과,
'11. 11. 22. 비준동의안 및 14개 부수법안 국회 본회의 통과, '12. 3. 15. 발효
거대 선진경제권

2. 타결된 FTA 협정

터키: '08. 6.~'09. 5. 공동연구, 총 4차례 공식협상 개최('10. 4.~'12. 3.),
'12. 8. 1. 기본협정 및 상품무역협정 서명,
'12. 11. 22. 비준동의안 국회 통과
유럽·중앙아시아 진출의 교두보

콜롬비아: '09. 3.~9. 민간공동연구,
총 6차례 공식협상 개최('09. 12., '10. 3/6/10., '11. 10., '12. 4.),
'12. 6. 25. 협상타결 선언,

'12. 8. 31. 한 · 콜롬비아 FTA 가서명
자원부국, 중남미 신흥시장

3. 현재 협상 중인 FTA 협정

캐나다: 총 13차례 공식협상 개최('05. 7.~'08. 3.) / '14. 9. 협상 타결
'12~'13 수석대표간 협의 진행 중
북미 선진 시장

인도네시아: '11. 10. 공동연구보고서 완료,
'12. 3. 28. 한·인니 CEPA 협상개시 선언,
총 2차례 협상 개최('12. 7/12.)
ASEAN 회원국 중 우리의 최대 교역국(2011년 기준)

중국: '07. 3.~'10. 5. 산·관·학 공동연구 이후 민감분야 처리를 위한 실무협의,
'12. 5. 2. 협상개시 선언, 총 4차례 협상 개최('12. 5/7/8/10.)
우리의 제1위 교역대상

베트남: '11. 11. 공동연구보고서 완료, '12. 8. 6. 협상개시 선언,
'12. 9. 제1차 협상 개최

한·중·일: '03~'09년 민간공동연구, '10. 5.~'11. 12. 산·관·학 공동연구,
'12. 5. 3국 정상회의 시 '연내 협상개시 목표' 합의,
'12. 11. 20. 협상개시 선언
동북아 경제통합 기반 마련

RCEP: '11. 11. ASEAN이 RCEP 작업계획 제시,
'12. 11. 20. 동아시아 정상회의에서 협상개시 선언 / '13. 협상 참여
세계 GDP의 28.4%를 차지하는 동아시아 경제권

호주: '07. 5.~'08. 4. 민간공동연구, 총 5차례 공식협상 개최('09. 5.~'10. 5.)
후 잠정 중단 / '14. 협상 타결
자원부국 및 오세아니아 주요 시장

뉴질랜드: '07. 2.~'08. 3. 민간공동연구,
총 4차례 공식협상 개최('09. 6.~'10. 5.) 이후 잠정 중단
오세아니아 주요 시장

4. 협상재개 여건 조성 FTA 대상국가

일본: '03. 12. 협상 개시, '04. 11. 6차 협상 후 중단,
'08~'11 협상 재개 환경조성을 위한 실무협의 총 6차례 개최
우리의 제4위 교역대상

멕시코: '07. 12. 기존의 SECA를 FTA로 격상하여 협상 재개,
'08. 6. 제2차 협상 개최 후 중단
북중미 시장의 교두보

GCC: '08. 7. 협상 개시, '09. 7. 제3차 협상 개최 후 중단
자원부국, 아중동 국가와의 최초 FTA,
우리의 제3위 교역대상(2011년 기준)

TPP: 아시아 태평양 경제동반자 협정(12개국) / '14. 한국 참여 의사 표명

5. 협상준비 공동연구 대상 국가

MERCOSUR(4개국): '05. 5.~'06. 12. 정부간 공동연구 완료
('07. 10. 연구보고서 채택)
BRICs 국가, 자원부국

이스라엘: '09. 8. 민간공동연구 개시, '10. 8. 완료
서부 중동지역 거점시장

중미(5개국): '10. 10. 공동연구 개시, '11. 4. 공동연구보고서 완료
북미와 남미를 잇는 전략적 요충지
(*중미 5개국: 파나마, 코스타리카, 과테말라, 온두라스, 엘살바도르)

말레이시아: '11. 5. 한·말레이시아 FTA 타당성 연구 개시,
'12. 12. 타당성 연구 완료
한·ASEAN FTA Upgrade, 자원부국

3. 기 체결 FTA의 보완점

한국은 2000년대 들어 FTA 후발국의 불이익을 회피하고자 짧은 기간 내에 많은 FTA를 체결하였다. 그 결과 해외시장의 안정적 확보, 경쟁국에

대한 수출시장 선점 효과와 같은 긍정적 효과가 적지 않았으나 바쁘게 추진하고 동시다발적으로 추진하는 과정에서 생겨난 문제점도 적지 않았다. 우선 실적 위주의 정책 추진 결과, 대내 이익집단에 대한 이해와 협상이 부족하였고, 그로 인해 이익집단간의 갈등이 심화되었다. 이는 곧 사회적 비용의 증가를 의미한다. 그리고 동시에 많은 국가들과 협상을 추진한 결과 원산지 규정을 위시한 한국의 통일된 FTA 기준을 마련하지 못했으며, 그로 인해 FTA 활용에 대한 높은 비용이 요구되고 있다. FTA 건별로 상이한 원산지 규정과 이를 충족시키는 데 소요되는 부대비용이 기업으로서는 새로운 수출비용 항목으로 나타나고 있다. 그 결과 8건의 FTA가 발효 중이고 45개국이 FTA 대상국이나, FTA 활용률은 2012년 현재 60% 미만에 머물고 있는 실정이다.

그동안 우리나라의 FTA 체결에는 경제적 타당성 외에 정치·외교적 요인도 많이 고려되었다. 동북아 주변국과의 FTA는 그러한 요인을 중시해야 하겠으나 기타 지역과의 FTA에서는 우리 경제의 선진화, 산업의 고도화, 시장의 다변화와 같은 경제적 목적에 포커스를 좀 더 둘 필요가 있다. 그러기 위해서는 국내 산업구조 조정 대책을 먼저 마련한 후, 이와 조화를 이루는 FTA 협상전략을 구사해야 할 것이다. 지금까지의 경험에서 보면 FTA가 타결된 이후에야 비로소 국내 피해산업 지원을 위한 조치가 강구되는 등의 비효율적 접근이 이루어졌다.

수출시장 확보 면에서 보면 지금까지 FTA는 미국, 유럽에 중심이 놓였던 반면, 새로운 시장으로 부상하고 있는 신흥경제권에 대한 접근은 오히려 소홀한 측면이 있었다. 신흥시장 중 경제규모가 큰 ASEAN, 인도와의 FTA를 체결했지만 중국, 브라질, 러시아, 남아공 등 나머지 BRICs 국가와는 아직 FTA를 체결하지 못하고 있다. 앞으로는 이들 시장과 국내 산업을 보완적으로 연계시키는 FTA가 설계되어야 할 것이다.

지난 10년간 한국이 추진한 FTA 정책의 공적으로는 많은 국가들과 무역자유화 협정을 체결하여 수출시장을 안정적으로 확보한 점을 들 수 있다. 그러나 짧은 기간 내에 많은 FTA를 체결한 결과, FTA 협정 상호간에 통일성이 부족하여 관리비용이 증대하고 있다는 문제점도 노출되고 있다. 그간 정부는 실적과 협상 타결의 용이성을 위해 협상별로 서로 다른 관세철폐원칙(Modalities)과 원산지 규정 등을 수용함으로써 업계의 관리비용과 정부 행정비용이 높아지고 있다. 특히 원산지 규정은 복잡하면 할수록 그 비용은 늘어나고 특혜관세 활용률은 감소하는 소위 스파게티 볼(Spaghetti bowl) 효과가 증가하게 된다. 앞으로는 이러한 경험을 거울삼아 실적 위주의 동시다발적 협상을 전개할 것이 아니라 국내 산업의 구조개선 여건, 기업의 수용능력 및 국가의 장기 정책목표에 맞추어 FTA를 점진적으로 추진하는 정책을 선택할 필요가 있다.

제2절 ▸ 기 체결 FTA의 경제적 효과

1. 무역효과

(1) 수출 증대

FTA 체결이 무역에 미치는 효과를 실증적으로 관찰하기에는 실행기간이 일천하여 의미 있는 결과를 도출하는 데 무리가 있다. 다만 FTA 체결의 단기적 효과는 발효 수개월 내지 한두 해 동안의 실적만으로도 분석이 가능할 것이다. 국내 연구진들에 의해 관찰된 단기적 무역효과를 소개하면 다음과 같이 긍정적 효과가 나타난 것으로 관찰되고 있다. 여기서는 김화년(2012, pp. 10~12)의 글에 소개된 무역효과를 정리하여 소개하는 것으로 설명을 대신하고자 한다.

기획재정부(2012b)에 따르면 한·미 FTA 발효 이후 100일 동안 총 수출은 전년 동기 대비 2.5% 감소했으나 대미 수출은 8.4% 증가한 것으로 집계되었다. 명진호, 김유경(2012)에 따르면 한·EU FTA 발효 후 9개월간(2011. 7.~ 2012. 3.) FTA로 관세가 인하 또는 철폐된 수혜 품목의 수출은 16.5% 증가하였다. 이는 금융위기와 유럽 재정위기로 인해 한국 및 전 세계 무역환경이 위축된 상황에서도 FTA 체결국과의 교역은 상대적으로 호조를 보였음을 입증한다. 이러한 연구 결과를 종합해 보면 FTA 발효 후 FTA 상대국과의 교역액이 증가하고 그 증가율도 체결 전보다 상승했음을 알 수 있다. FTA 발효국의 수가 늘어나면서 이들과의 교역 비중도 2009년 14.6%에서 2011년 27.4%로 확대되었다. 그리고 2012년 이후 발효될 미국, 터키, 콜롬비아와의 FTA가 모두 발효되면 전체 교역량 중 FTA를 통한 무역 비중이 50%에 접근하게 된다.

무역량의 증가뿐만 아니라 무역결합구조 면에서도 FTA 이후 그 강도가 높아진 것으로 관찰되고 있다. 김화년, 정호성(2009)의 연구에 따르면 역내의존도 변화를 측정하는 역내무역 비중이 FTA 체결 후 점진적으로 증가하였다. 국가간 무역관계의 강화 정도를 측정하는 무역결합도 지수도 FTA 체결 이후 상승하였으며, 동남아의 FTA 상대국인 싱가포르, ASEAN과의 무역결합도 지수가 상대적으로 강하게 나타났다.

(2) 수입 확대

FTA는 상호간 교역증대를 추구하기 때문에 한국의 수입도 증가한다. FTA의 수입효과에 대해서는 국내 산업구조상의 특징이 수입에 영향을 미치는 경우가 많아 FTA에 의한 순수입효과 측정이 간단하지 않다. 비교적 일찍 체결된 칠레와의 FTA에서 수입의 변화를 관찰한 연구 결과가 많이 인용되고 있다. 한·칠레 FTA의 경우, FTA 발효 이후 수입이 증가하여 대칠레 무역적자가 확대되었다. 그러나 이러한 무역적자 확대는 구리 및 동(銅) 관련 제품의 가격 상승으로 인한 것이다. 대칠레 무역적자는 2006년 22.5억 달러로 증가하였으나, 교역액 대비 무역적자 비중은 2003년 34%에서 2010년 18%로 감소했다. 송송이(2011)의 연구에 따르면 협정발효 후 7년간 동괴, 동광 등 구리 수입 증가가 대칠레 전체 수입 증가의 88.7%를 차지했다. 구리의 경우 칠레에 대한 수입의존도가 2010년 68.3% 정도로 높은 수준을 유지하고 있다. 칠레가 한국 산업에 필수적인 원자재 공급원으로 자리매김하고 있으므로 FTA 이후의 무관세, 저비용의 수입 증가는 한국경제에 바람직한 무역효과로 평가할 수 있다.

칠레와의 FTA로 돼지고기와 포도 등의 농산물 수입이 증가한 것은 사실이나, 우려했던 과수·축산 농가의 영농 피해는 그리 크지 않았다. 우리의 대칠레 공산품 수출 증가까지 고려하면 더욱 그러하다.

한·EU FTA 발효 이후 수입이 증가하고 있다. 기획재정부(2012)에 따르면 한·EU FTA 발효 이후 첫 100일간 EU로부터의 수입은 전년 동기 대비 13.5% 증가했다. 특히 동 기간 가방은 35%, 신발은 31%, 시계는 51.1%, 화장품은 10.2% 증가하는 등 소비재 수입이 크게 증가했다. 그러나 EU로부터의 수입 증가는 EU로 거래선을 다변화한 원유 및 석유제품의 수입이 증가했기 때문이다. 지정학적 리스크가 커진 중동에 대한 의존도를 낮춰 수입원을 다변화함으로써 자원안보 수준을 높이는 긍정적 효과가 나타난 것이다.

이렇듯 FTA 발효 이후 수출뿐만 아니라 수입도 동시에 늘어남으로써 무역확대효과가 가시적으로 나타났다고 볼 수 있다. 그러나 발효 중인 8건의 FTA가 최근 몇 년 사이에 발효된 협정이라 그 장기적 효과를 예단하기에는 시기상조이다. 위에서 단편적으로 지적한 무역효과는 단기적 반응일 뿐 그 추세가 장기적으로 지속될지는 미지수이다. 대체로 FTA 초기에는 긍정적 무역창출효과가 강하게 나타나지만, 시간이 지남에 따라 무역전환효과가 나타나기 시작하거나 역내 무역확대 속도가 감소하는 것이 일반적인 추세이므로 FTA가 반드시 지속적 무역 증가를 가져올 것으로 기대할 수는 없을 것이다.

2. 투자효과

FTA가 투자에 미치는 영향은 이론적으로는 추론 가능하나, 그 효과를 실제로 추출해 내기는 쉽지 않다. FTA가 단순히 상품무역만 다루는지, 아니면 투자자유화 협정까지 포함하는지에 따라 그 결과가 다르고, 외국인 직접투자(FDI)의 경우 FTA 외에도 정부의 지원정책, 정치적 여건 등에 영향을 크게 받기 때문이다. 여기서는 이홍식, 김혁황(2012, p. 49)의 설명 예를 통해 FTA와 FDI의 관계를 설명한다. FTA와 FDI의 관계는 네 방향에서(수직적 FDI, 수평적 FDI, 역내 국가 및 역외 국가) 관찰할 수 있는데 각각의 경우 FTA가 FDI에 미치는 영향에 대해서 살펴보면 다음과 같다.

먼저 역내 국가로부터의 FDI를 고려해 보자. 수평적 FDI는 투자유치국 현지에서 생산하여 판매하는 데 목적이 있으며, 수출도 동일한 목적을 가지고 있기 때문에 무역과는 대체관계에 놓이게 된다. 그리고 외국기업이 시장에 제품을 판매하기 위한 수단으로는 수출과 FDI 두 가지가 있는데, 관세, 비관세, 운송비용 등을 포함하는 거래비용이 높을 경우 수출에 따르는 거래비용을 줄이기 위해 FDI를 선택하게 된다. FTA로 인해 역내국에 대한 관세가 철폐되어 거래비용이 낮아지면 수출이 FDI에 비해 상대적으로 유리해지기 때문에 역내 국가로부터 수평적 FDI가 증가할 가능성은 그만큼 줄어들게 될 것이다.

한편 FTA가 수직적 FDI에 미치는 영향은 수평적 FDI의 경우와는 완전히 다르다. 수직적 FDI는 생산비용을 절감하기 위해 생산단계별로 생산기지를 다른 국가에 두는 것이며, 수직적 FDI를 통해 생산된 제품은 본국으로 재수입되기 때문에 무역과는 보완관계에 놓이게 된다. NAFTA 형성 이후 멕시코 국경지역에 FDI가 대량 유입된 것은 대부분 수직적 FDI로 볼 수 있는데, 이는 멕시코의 낮은 임금을 이용하여 적은 비용으로 제품을 생산한 다음 미국으로 재수입하기 위하여 투자된 것으로 볼 수 있다. 따라서 이론적으로 볼 때 FTA가 체결되면 역내국에 대한 관세가 철폐되어 거래비용이 낮아지기 때문에 역내국으로부터의 수직적 FDI가 증가할 가능성이 높다.

다음으로 FTA 체결이 역외 국가로부터의 FDI에 미치는 효과를 고려해 보자. FTA의 체결은 시장규모의 확대를 의미하며, 이는 역외 국가의 입장에서 볼 때 FTA 이전에는 각 개별 국가의 시장에 수출하는 것이 유리할 수 있었으나 FTA로 시장이 확대됨에 따라 관세를 지급하면서 수출하는 것보다는 역내 국가에 생산기지를 마련하여 확대된 공동시장에 무관세로 판매하는 것이 더 유리해지게 된다. 따라서 FTA 체결은 역외 국가로부터의 수평적 FDI를 증가시키게 될 것이다. 예를 들어 한국과 미국 간에 FTA가 체결되면 역외 국가인 일본으로부터 한국에 대한 수평적 FDI가 늘어날 개연성이 있는 것이다. 왜냐하면 일본과 한국은 매우 가까운 거리에 있기 때문에 일본에서 미국으로 수출하는 운송비용과 한국에서 미국으로 수출하는 운송비용은 거의 차이가 없으며, 한·미 FTA로 한국에서 미국으로의 수출은 무관세가 되므로 일본기업의 입장에서는 한국에서 생산하여 미국으로 수출하는 것이 유리해지기 때문이다.

이와 달리 역외 국가로부터의 수직적 FDI는 FTA에 의해 영향을 거의 받지 않을 가능성이 매우 높다. 왜냐하면 수직적 FDI의 경우 투자유치국에서 생산된 제품이 투자국(home country)으로 재수출되거나 제3국으로 수출될 경우, 한국이 제3국과 체결한 FTA로 인해 일본의 대(對)한국 FDI는 크게 영향을 받지 않게 된다. 그러나 일본기업이 한국에서 생산한 부품과 중간재를 한국의 FTA 체결국인 칠레, 싱가포르, EFTA, ASEAN, 인도, EU, 페루, 미국 등으로 수출하는 경우 일본기업은 한국에 FDI를 실행함으로써 관세면제 혜택을 받을 수 있다.

이러한 추론을 종합해 볼 때 FTA 체결은 어떤 형태로든 체결국 상호간 혹은 역외로부터 투자를 증대시키는 것으로 볼 수 있다. 실제 문종철, 윤정현(2011)에 따르면 한국의 기 체결 FTA 중 칠레, 싱가포르, 노르웨이와의 FTA의 경우 발효 이후 해외투자 유·출입이 모두 증가하였고, FTA 체결 이후 무역, 투자, 산업협력을 위한 인적 교류도 꾸준히 확대된 것으로 조사되었다.

3. 농업부문에 미치는 효과

국내에서는 FTA 체결이 농업부문에 미치는 부정적 영향만 강조되어 왔다. 그러나 FTA로 인한 농산물 시장 개방은 점진적 개방을 통해 국내 농업의 국제 경쟁력을 기르는 여건을 조성하고 일부 국내 농산(가공)물의 수출기회를 창출하는 등 긍정적 효과를 동시에 가지고 있다. 여기서는 임정빈(2012, pp. 42~46)의 논지를 기초로 이들 양 측면의 효과를 소개하고자 한다.

(1) 농업부문에 미치는 부정적 영향

우선 WTO 체제를 통한 다자간 무역자유화에 비해 더 큰 시장개방이 요구되는 FTA 협정의 성격과 현재 국내의 어려운 농업 여건 및 상황에 비추어 볼 때, 미국, EU, 중국 등 거대경제권들과의 FTA 체결은 국내 농업생산 활동의 위축과 더불어 농촌경제의 어려움을 가중시킬 것으로 판단된다.

한국의 경우 FTA 추진 이전 우루과이 라운드와 WTO의 출범으로 이미 전통적 농업 생산물은 성장 한계에 직면했으며, FTA가 확대되어 농산물 교역이 더 자유화되면 무역자유화로 인한 피해가 없거나 상대적으로 피해가 적은 품목으로의 생산이 집중되어 그 작물의 공급과잉과 농가 소득 피해가 다시 야기될 수 있다.

이론적으로 볼 때 FTA 체결을 통한 시장개방과 무역자유화는 국가간 혹은 국가 내 자원배분과 이용의 효율성 증대를 가져오며 궁극적으로 경제 효율성 제고를 통해 국가 경제발전에 기여한다고 볼 수 있다. 그러나 토지를 근간으로 하는 농업의 특성상 농업 생산요소의 고정성으로 인해 자원재배분을 통한 효율적 구조조정은 경제이론에서처럼 용이하게 진행되지 않는다. 또한 이러한 산업적 특성 이외에도 농업생산 활동의 주체인 농민 대부분이 비숙련 노동자들인 관계로 다른 부문으로의 노동력 이동이 상대적으로 제한적이라는 기능적 특성과, 농촌이라는 지역 분산적 특성이 혼재되어 있기 때문에 농업과 농촌은 원천적으로 다른 산업에 비해 빠른 구조조정이 용이치 않다는 특성이 있다. 그 결과 FTA 체결을 통한 농산물 시장개방에 대비한 구조조정이 공업부문만큼 용이하지 않다.

더욱이 어느 국가에서나 농업은 여타 산업부문과 다른 특유의 비시장적 공익가치를 창출하고 있기 때문에 대폭적인 무역자유화나 시장개방에 민감하다. 농업은 국민에게 필요한 식량공급이라는 본원적인 기능 이외에 식량안보, 환경보전, 농촌사회의 유지 및 국토의 균형발전, 전통사회와 문화의 보전 및 수자원 함양 등 시장논리로 설명할 수 없는 공익적 기능을 수행하고 있기 때문이다. 시장에서의 경쟁원리가 자본주의 경제질서의 기본원칙이기는 하지만 다른 산업과 달리 농업이 가지고 있는 공익적 기능은 경쟁논리에 입각하여 자유무역을 허용할 경우 그 기능이 크게 축소되거나 소실될 위험이 있다. 농업과 농촌사회의 유지를 통해 보수적으로 수행되어 온 국토의 균형발전과 사회 안정, 홍수조절, 지하수 함양, 대기정화 및 환경보호, 전통문화 보전과 같은 다양한 공익적 가치가 자유무역의 파고에 밀려 소실될 것이기 때문이다.

또한 FTA를 통해 농업분야에도 비교우위에 입각한 획일적 경쟁의 원칙이 적용되어 국제경쟁력을 지닌 일부 국가나 지역에 생산이 집중된다면 식량수출의 독과점으로 인해 농식품가격 상승압력과 세계 식량공급의 불확실성 증대 등의 부작용이 발생할 가능성이 높다. 식량생산의 지리적 집중이 초래되면, 식량생산이 집중된 지역의 이상기후나 병해충 등 생산여건 변화가 발생할 경우 식량공급 부족이나 식량가격 폭등으로 인해 우리 국민의 식량안보가 크게 위협받을 수도 있다. 이러한 농업이 가지고 있는 공익적 특성을 고려할 때 FTA로 인한 농업 시장 개방은 경쟁력이 약한 국가뿐만 아니라 농업에 비교우위가 있는 국가조차도 자연재해 등의 특정 상황이 발생할 경우 피해가 불가피하며, 특히 그 피해가 비농업국의 생산 기반이 소실된 이후의 피해라면 지구촌 전체에 고통을 초래할 수 있다.

(2) 농업부문에 미치는 긍정적 영향

농산물 시장이 개방되면 다양한 공급원이 시장에 참여하기 때문에 농산물 소비자들은 가격과 품목 선택에서 유리한 기회를 얻게 된다. 즉 FTA를 통해 관세가 철폐되고 수입이 자유화되면 국민들은 다양하고 값싼 외국산 농산물을 접할 수 있게 되므로 소비자들의 후생 증진에 도움이 될 수 있다.

또한 FTA 체결은 우리에게만 시장개방을 요구하는 것이 아니라 상대국에게도 시장개방과 무역제한의 철폐를 요구한다. 즉 다른 국가의 농산물 시장개방과 무역제한의 완화는 국산 농산물의 해외수출을 위한 여건 개선에 유리하게 작용할 것이다. 우리와 FTA를 체결한 미국, EU, 동남아 등 주요국 시장에서 우리 농식품의 수출 증가 추세와 한국 식품과 음식에 대한 관심 증대는 이러한 가능성을 보여 준다. 따라서 앞으로 우리가 FTA를 통해 얻은 외국 농산물 및 가공제품 시장을 어떻게 개척하느냐에 따라 FTA는 우리 농업의 새로운 활로가 될 수도 있다. 전통적 식량생산 부문에서의 비교열위 조건만을 우려할 것이 아니라 국내 첨단기술과 해외 마케팅 기반을 활용하여 가공 농산물의 수출전략을 모색해 간다면 FTA가 농업의 새로운 성장동

력으로 작용하면서 농민들의 소득증대에 기여하는 수단이 될 수도 있을 것이다.

그리고 FTA 체결은 외국 농산물과 국내 농산물 간의 경쟁을 촉발한다. 이러한 경쟁은 우리 농업이 FTA로 인한 경쟁시대에서 살아남기 위해 보다 창의적이고 혁신적인 자구노력을 모색하면서 농업의 국제경쟁력을 제고할 것을 촉구하는 계기가 될 수 있다. 이를 통해 농업부문의 전반적인 생산성 향상, 유통 효율성 및 품질경쟁력 증대가 이루어질 것이며, 이러한 과정이 한국 농업의 선진화를 유도하는 길이 될 수 있다.

4. 서비스시장에 미치는 효과

(1) 한국의 서비스산업

우리나라는 그동안 상품무역에만 매달려 온 나머지 서비스산업의 육성이나 서비스수출에 대해서는 큰 관심을 갖지 않았고, 그로 인해 서비스무역수지는 불균형이 지속되고 있다. 우리나라의 서비스무역수지는 지난 1990년 적자로 전환된 이후 아시아 외환위기가 발생한 1998년을 제외하고는 적자 추세를 지속하고 있다. 1990년 이후 2011년까지 서비스 분야 수출액은 연평균 11.6% 증가하였으나, 수입액은 12.4% 증가하여 수지 악화가 지속되고 있는 것이다.

산업구조 면에서 볼 때 우리나라는 GDP에서 서비스산업이 차지하는 비중이 58.2%(2010년 기준)에 달해 외형상 선진화가 상당히 진행된 것으로 볼 수 있다. 그러나 OECD 서비스업 평균인 69.5%보다 10%포인트 이상 낮은 데다 그마저 음식 및 숙박업 등 생계형 서비스산업의 비중이 38.4%에 달해

[표 4-1] 주요국의 총 GDP 중 서비스산업의 비중(2010) (단위: %)

국가	한국	미국	영국	독일	일본	스위스	OECD 평균
비중	58.2	76.8	77.5	71.3	73.8	71.1	69.5

자료: OECD

영세성을 면치 못하고 있다. 부가가치가 높은 금융 및 보험업은 11.8%에 그치고 있고, 제조업의 경쟁력 제고와 관련이 깊은 사업서비스 비중은 7.8%에 그쳐 서비스산업은 물론 제조업의 경쟁력 제고를 위해서라도 서비스산업의 고도화가 시급한 실정이다.

서비스수지 적자의 근본 원인은 소득증대로 인한 국내 수요의 고급화를 국내 서비스산업이 충족시키지 못하는 데서 찾을 수 있다. 더욱이 소득의 증가로 글로벌화된 교육서비스, 질 높은 의료서비스, 프리미엄 및 인센티브 관광(기업이 우수직원 포상차원에서 진행하는 관광)에 대한 수요 등이 증가하고 있으나 국내의 관련 서비스업은 규제 및 개방 지연 등으로 낙후한 수준을 완전히 탈피하지 못하고 있다. 또한 기업의 해외진출이 증가하면서 사업서비스에 대한 수요가 증가하고 있으나 국내 관련산업의 글로벌화가 지체되고 있다. FTA를 통한 개방 대상 서비스산업인 법률, 회계, 금융 등의 서비스가 국제 경쟁력과 국제적 마케팅 네트워크를 가지지 못한 결과, 이들 시장이 본격적으로 개방되면 서비스수지 적자는 당분간 더 확대될 전망이다.

(2) FTA와 서비스시장 개방

FTA로 인해 국내 서비스시장이 열리면서 가장 주목을 받는 분야는 전문직 서비스 분야이다. 전문직 서비스 분야는 그동안 관련업계가 경쟁력 제고나 서비스 다양화보다는 국내시장에 안주하면서 소극적인 마케팅에 머물러 왔기 때문에 시장개방으로 인한 외부 충격에 민감한 분야이기도 하다. 그 결과 전문직 서비스시장의 개방에 대한 거부감도 적지 않지만 개방을 통한 경쟁력 제고를 대응책으로 인식하면서 미국 및 EU와의 FTA 협상을 통해 국내시장 개방에 대비하고 있다. FTA를 통한 시장개방은 범세계적 개방이 아니라 특정 국가에 제한된 개방이므로 개방에 따른 충격은 최소화하면서 국제화를 통한 산업경쟁력 제고에는 기여할 수 있다는 장점이 있다. FTA 발효 후 관심의 대상이 되고 있는 서비스시장은 법률서비스 시장이다. 법률시장 개방은 2009년 발효에 들어간 ASEAN과의 FTA 협상에서 처음으로 언급되었지만 큰 주목을 받지 못했다. ASEAN 국가에 대외경쟁력을 갖춘 법률 회사들이 많지 않았기 때문이다. 그러나 아직 준비 단계에 있기는 하지만 EU(주로 영국계), 미국계 법률회사들은 외국법 자문서비스 차원에서 속속 국내에 진출하고 있어 앞으로 2단계, 3단계 개방이 이루어지면 국내시장에서 내외 로펌간 경쟁이 가속화될 전망이다.[8)]

[표 4-2] FTA별 법률서비스 개방 이행 시기

	발효 시기	1단계 (발효 직후)	2단계 (발효 2년 후)	3단계 (발효 5년 후)
한·ASEAN FTA	2009	이행 중	이행 중	미적용
한·EU FTA	2011. 7. 1.	이행 중	2014년 예정	2017년 예정
한·미 FTA	2012. 3. 15.	이행 중	2015년 예정	2018년 예정

8) 본 장의 서비스산업 관련 내용은 최용민, 「서비스 무역의 경쟁력 제고 방안」, 『한국의 FTA 허브 전략』, *Global Affairs*, 2012 여름호, pp. 105~119를 참조하여 기술함.

전문직 서비스 개방에 있어 한·미 FTA와 한·EU FTA는 비슷한 수준을 약속하고 있다. 전문직 서비스는 법률, 회계, 세무 서비스로 구분되며, 법률 서비스는 3단계 개방을, 회계 및 세무 서비스는 2단계 개방을 명시하여 업계의 충격을 최소화하고 있다. 법률분야 1단계 개방은 FTA가 발효됨과 동시에 가동에 들어가며, 외국법률에 대한 자문서비스만 가능하다. 발효 후 2년이 경과하면 독자적인 수임은 불가능하지만 국내 로펌과 공동으로 수임하고, 그 수익을 배분하는 구조를 만들 수 있다. 또 5년 후에는 합작투자는 물론 한국인 변호사 고용도 가능하여 사실상 활동에 큰 제약이 없는 상황에 도달한다. 회계 및 세무서비스는 법률과 같이 발효 즉시 사무소 개소를 통한 자문업무 수행이 가능하다는 점에서 공통점을 찾을 수 있지만 중간단계 없이 5년째부터 곧바로 자본참여가 가능한 개방 일정표를 확정한 상태다(최용민, 2012, pp. 111~118).

[표 4-3] FTA에 따른 전문직 서비스 분야 개방 일정

<table>
<tr><th>분야</th><th>단계 및
시기</th><th>개방 내용</th></tr>
<tr><td rowspan="3">법률
서비스</td><td>1단계
발효 즉시</td><td>외국법 자문사 설립 허용 및 법률자문서비스 제공 가능</td></tr>
<tr><td>2단계
발효 후 2년</td><td>외국법 자문사무소와 국내 로펌의 공동 수임, 공동 수익 배분 가능</td></tr>
<tr><td>3단계
발효 후 5년</td><td>외국 로펌과 국내 로펌의 합작투자 설립 허용 및 한국 변호사 고용 가능</td></tr>
<tr><td rowspan="2">회계 및
세무
서비스</td><td>1단계
발효 즉시</td><td>외국 회계·세무 자문 허용 및 외국 회계·세무법인의 사무소 개설 허용</td></tr>
<tr><td>2단계
발효 후 5년</td><td>국내 회계·세무 법인에 대한 외국 회계사·세무사의 출자 허용</td></tr>
</table>

회계서비스 시장은 이미 개방이 상당히 진척되어 있는 상황이다. 업무제휴 형태(member firm)로 개방이 상당 부분 진행되어 왔기 때문에 FTA로 인한 시장개방 1단계에서는 별다른 진전 상황이 없지만 업무 영역이 더욱 확대되고 글로벌 업무협력이 더욱 탄력을 받을 전망이다. 한·EU FTA와 한·미 FTA가 발효되기 전인 2011년 6월 30일을 기준으로 국내 회계법인 126개 중에서 총 37개가 외국계 관련회사와 업무제휴 관계를 맺고 있는 것으로 집계되었다. 회계서비스 시장은 사실상 간판만 빌려 주는 업무 제휴 형태를 유지하다가 지분투자가 가능해지는 시장개방 2단계에 진입하면 적지 않은 판도 변화가 예상된다. 시장지배력을 확대하려는 외국회사와의 경쟁이 본격화될 것으로 전망되기 때문이다. 세무서비스의 경우, 세무사 자격시험이 존재하는 국가는 EU 국가 중 독일이 유일하며, 미국은 이를 인정하고 있지 않기 때문에 한·미 FTA와 한·EU FTA에 따른 변화는 거의 없을 것으로 판단된다.

FTA로 개방의 파고에 휩싸일 또 다른 서비스는 금융이다. 우리 정부는 금융서비스에 있어 한·미 FTA와 한·EU FTA에서 비슷한 수준의 개방을 약속한 바 있다. 그러나 국내 금융시장은 1996년 OECD 가입과 1997년 아시아 외환위기 당시에 이미 상당부분 개방된 상황이기 때문에 FTA에 따른 추가적 개방범위는 극히 제한적인 실정이다. 추가로 개방된 분야는 보험중개업 국경간 거래, 신금융서비스 도입 및 금융정보처리 해외위탁 등이다. 특히 금융 정보 자료처리의 해외위탁(유예기간 2년), 우체국보험의 금감위 감독(2년), 4대 공제의 지급여력비율에 대한 금감위 감독(3년) 등 3가지는 유예기간이 설정되어 있어 당장 어려움이 예상되는 것은 아니다. 또한 단기 세이프가드 조치를 확보하여 경제위기 시 급격한 외화 유·출입을 통제할 수 있는 장치를 마련했으며, 국책 금융기관의 특수성 인정 등 유보조치를 규정하여 국내 금융산업 인프라에도 큰 변화는 없을 것으로 예상된다. 금융전문가들은 금융서비스 분야는 최대한 국내법을 준수하는 범위 내에서 협상이 진행되었기 때문에 법 개정이 요구되는 사항은 없으며, 다만 우리 자체적 필요에 의해 그간 제도정비가 미비했던 부분에 대한 일부 법 개정 검토가 필요하다는 입장을 견지하고 있다.

기타 전문직 서비스 개방도 FTA 협상과 밀접하게 관련되어 있어 관심을 가질 필요가 있다. 전문직 상호자격인정에 관하여 한·미 FTA는 협정문 제12.9조에서, 한·EU FTA는 협정문 제7.21조에서 각각 규정하고 있다. 보다 구체적으로 살펴보면 FTA 발효 후 1년 내에 무역위원회 산하 상호자격인정에 관한 작업반을 설치하고 이에 대해 논의하기로 한 바 있다. 이에 따라 2011년 7월 발효된 한·EU FTA에 따른 상호자격인정 작업반 설치가 2012년 하반기부터 논의되고 있다. 한·EU FTA 협정 부속서에 따르면 자격증 상호인정 분야는 엔지니어링 서비스, 건축 서비스, 수의 서비스로 한정되어 있다.

종합해서 볼 때 우리나라 서비스산업은 여러 면에서 성장잠재력을 갖고 있다. 관광과 게임 등에서 한류효과를 크게 기대할 수 있고 중국, 러시아, 동남아, 일본 등 인접지역에 대규모 시장이 있는 데다 우수한 인적자원이 많기 때문에 경쟁력을 제고한다면 FTA를 통한 시장개방은 실보다 득이 더 클 것으로 기대된다. FTA를 통해 미국과 유럽연합의 선진기법을 신속히 전수받고 전문인력을 양성한다면 그동안 내수시장 지키기에 급급하던 체제에서 벗어나 대외경쟁력을 크게 높일 수 있을 것이다. 또한 ASEAN, 중국 등 개도국에 대한 FTA를 통해 서비스수출의 진출장벽을 제거해 간다면 서비스의 해외 수출도 빠르게 늘어날 수 있을 것이다.

제3절▸한국의 FTA 추진 전략

1. FTA 정책의 기본 방향

FTA는 수출시장 확보, 경제성장 촉진 및 수입 가격 하락을 통한 소비후생 증가와 같은 무역이익을 수반하는 반면, 사양산업 정리에 따른 구조조정 비용과 상이한 원산지 관리 규정으로 인한 관리비용이 동시에 수반된다. 따라서 일국의 FTA 정책은 경제적 이익과 외교·안보상의 이익은 극대화하되 FTA 관리 비용은 극소화하는 방향으로 전개되어야 하며, 중장기 FTA 로드맵도 이러한 원칙에 의거하여 수립되어야 한다.

이러한 기준에서 볼 때 지난 2003년부터 수립되어 온 우리 정부의 FTA 로드맵은 수정되어야 할 부분이 없지 않다. 참여정부 당시의 FTA 로드맵은 ① 가능한 한 많은 국가와 FTA를 추진하기 위해 동시다발적 FTA를 추진하며, ② 국내 제도개선과 선진화를 도모하기 위한 높은 수준의 포괄적 FTA를 추진하는 데 초점을 두었다. 이는 적극적인 해외시장 확보와 지역주의 확산으로 야기되는 역외국으로서의 불이익을 극복한다는 의미에서 합당한 조치로 평가할 수 있다. 그러나 참여정부가 강조해 온 동시다발적 FTA 기조는 위의 비용편익 기준에서 볼 때 다음과 같은 문제점을 안고 있었다. 즉 FTA는 비가맹국에 대해 무역상의 차별을 가하는 차별적 통상정책 수단이다. 따라서 차별적 통상정책을 모든 나라에 동시다발적으로 적용하는 것은 논리적으로 모순된다. 그리고 동시다발적 FTA 정책은 가능한 한 많은 국가와의 FTA를 목표로 하고 있으며, 체결 건수가 많을수록 유리하다는 것을 전제로 하고 있다. 그러나 FTA 체결 건수가 많아진다고 하여 당사국의 국익이 더 커진다고 볼 수는 없다. 앞에서 말한 스파게티 볼 효과와 국내 취약산업의 구조조정 비용이 FTA 건수에 비례하여 증가할 수 있기 때문이다.

따라서 현재 단계에서 한국이 취할 수 있는 바람직한 FTA 정책은 FTA 건수를 늘리는 것이 아니라 편익을 극대화하는 방향으로 FTA의 기능을 조정하고 관리 비용을 극소화하기 위해 FTA 상호간의 연계성을 모색하는 것이 되어야 할 것이다. 이를 위해서는 무역대국의 FTA 망에 스포크의 입장에서 편입되어 갈 것이 아니라 한국을 중심으로 한국형 원산지 제도가 수용될 수 있는 허브형 FTA를 추진해 가야 한다. 그리고 FTA 체결 대상국으로는 한반도의 특수성을 고려하여 경제적 동기뿐만 아니라 외교·안보상의 전략적 가치가 높은 국가를 우선적으로 선택하되, 동일 지역 혹은 유사한 성격의 FTA가 산재해 있는 경우 이를 지역별로 혹은 기능적 특성에 따라 상호 연계하여 클러스터를 형성할 필요가 있다.

그리고 앞으로는 국가별로 추진 목표를 세분화하여 FTA를 추진할 필요가 있다. 앞으로 남아 있는 FTA 체결 대상국은 시장규모, 경제발전단계, 산업구조 등에서 상당한 차이가 있다. 따라서 국익을 극대화하기 위해서는 대상국별로 FTA 추진 목표를 다양화하여 협상을 전개해야 한다. FTA 허브를 달성하고 산업발전과 연계된 FTA를 추진하기 위해서는 새로운 FTA 로드맵을 작성할 필요가 있다. 산업발전전략과 경제적 타당성 관점에서 FTA 추진목표, 체결 대상국 선정기준, 체결원칙 등을 재검토해야 한다(김화년, 2012, p. 15). 특히 세계 10대 무역국으로서 또는 G20 그룹의 멤버로서, 세계무역의 자유화를 선도하고 세계무역의 중심지로 부상하고 있는 동아시아에서 중추적 기능을 담당하고 있는 한국의 경제 상황을 고려하여 FTA 정책을 설계하는 것도 시대의 흐름에 부응하는 통상정책의 방향이 될 것이다.

2. FTA 추진 원칙과 대상국 선정기준

FTA 후발국으로서의 불이익을 만회하기 위한 점에서는 우리와 자유무역을 원하는 모든 나라와 협정을 체결하는, 소위 동시다발적 FTA 정책이 추진될 수 있었다. 그러나 주요 무역 상대국을 포함한 47개국과 FTA를 체결하고 있는 현재의 입장에서는 대상국 수의 확대나 협정 건수의 증가는 큰 의미가 없다. 스파게티 볼 효과를 최소화하고 통상정책과 외교정책상의 이익을 극대화하는 방향으로 FTA 목표 및 대상국 선정원칙을 다시 점검할 필요가 있다.

대상국 선정에 있어서 다음과 같은 기준을 강조하고 있는 김화년(2012, pp. 18~19)의 주장에 관심을 가질 필요가 있다. 즉 첫째, 경제적 타당성에 입각한 대상국 우선순위를 준수해야 한다는 것이다. 체결 순서 및 방식에 따라 산업의 고부가가치화 및 산업재편 측면에서 체결효과가 상이할 것이다. FTA 대상국 모두와 FTA를 체결했을 경우 얻는 총 이익은 고정되어 있지 않고 어떤 국가와 어떤 순서로 추진하느냐에 따라 달라진다. 따라서 산업에의 영향, 시장확대 등 경제적 타당성을 고려한 엄격한 우선순위에 따라 체결 대상국을 선정해야 한다.

둘째, 선진국과 개도국을 연계한 FTA를 추진해야 한다는 것이다. 기술력에서 앞서 있는 선진국과의 FTA 체결 시 저부가가치 중심의 저기술 산업과 생산공정에 특화될 가능성이 있다. 완전경제시장과 완전고용을 가정하는 비교우위론에서 분업의 원리는 자원의 재배분에 의한 효율성 증진을 전제로 하므로 자유무역 이후에는 비교우위 재화의 생산량이 증가하고 비교열위 재화의 생산량은 감소하는 산업특화가 발생한다. 산업발전단계의 격차가 큰 국가 간의 FTA는 비교우위론에 따른 산업간 구조변화를 야기할 것이다. 따라서 선진국과 FTA를 체결했다면 이를 만회하기 위해 시장접근 기회가 크고 산업구조 재편 측면에서도 유리한 개도국과의 FTA를 반드시 추진하는 연계전략이 필요하다. 이러한 상호보완관계를 통해 산업 및 시장구조상 나타날 수 있는 문제점을 상쇄하는 효과를 기대할 수 있을 것이다. 예를 들어 미국, EU 등 기 체결 선진국과의 FTA에 대응하여 교역규모가 큰 4개 신흥국(중국, GCC, 러시아, 메르코수르)과 FTA를 체결한다면 산업전략 측면에서 긍정적 효과를 기대할 수 있을 것이다.

셋째, 유연하고 포괄적인 FTA를 추진해야 한다는 것이다. FTA의 성과를 높이기 위해서는 상품무역의 자유화뿐만 아니라 자본, 서비스, 정부조달, 더 나아가서는 환경협력에 이르기까지 협력범위를 넓혀 가는 포괄적 협력정책이 필요하다. 그 대신 포괄적 FTA의 구체적 내용은 상대국의 여건에 따라 달라져야 할 것이므로 포괄적이고 높은 수준의 FTA를 지향하되, 국별로 다양한 형태의 FTA를 체결할 수 있는 유연한 전략을 구사해야 할 것이다. 산업계가 협상 결과의 이해 및 활용에 어려움을 겪지 않도록 가능한 한 관세 인하 원칙과 원산지 규정 등에 대해서는 일관된 원칙을 적용해야 한다. 그러나 획일적 기준의 적용은 FTA 자체를 어렵게 하므로 조화가 요구되는 최소요건을 제외하고는 대상국별로 유연한 협상력을 발휘하여 차별적 내용의 FTA를 체결해야 한다.

3. FTA 추진 목표의 설정

대상국 선정 못지않게 중요한 과제는 FTA 추진 목표의 재점검이다. FTA

추진 목표 제시에서도 김화년(2012, pp. 17~18)의 주장에 타당성이 있으므로 여기서는 그 주장을 소개해 두고자 한다. 첫째, 해외시장 확보를 목표로 해야 한다. 지역주의 심화와 중국, 인도, ASEAN 등 신흥국 제품의 약진으로 주력 수출시장의 여건이 점차 악화되고 있다. 특히, 경쟁국이 FTA를 선체결할 경우 미체결국은 무역창출 및 무역전환효과로 인해 가격 경쟁력 약화가 불가피하다. 따라서 FTA를 통해 관세장벽 제거 등 국내기업의 해외시장 진출 여건을 경쟁국 수준으로 개선하는 것이 중요하다. 또한 후발국과 신흥 개도국들은 고속 경제성장에 힘입어 신흥시장으로 급부상하고 있으므로 FTA 조기 체결을 통해 시장을 선점하는 것도 FTA 이익을 극대화하는 방편이 될 수 있다.

둘째, 자원 확보를 목표로 해야 한다. BRICs 등 신흥국 경제의 급성장으로 자원 수요가 증가하면서 자원 확보 경쟁이 치열해지고 자원 부국들의 자원무기화 정책도 갈수록 심화되고 있다. 경쟁국들은 자원 부국과의 통상 확대를 위한 수단으로 FTA를 적극 활용하고 있어 한국도 자원 확보를 위한 전략적 FTA가 필요한 시점이다. 특히 정부의 패키지형 자원개발모델을 지원하기 위한 통상환경이 필요하다. 자원 보유국들은 부족한 인프라(에너지, 도로, 통신 등)의 확충과 자원개발권을 패키지로 연계시킨 국가발전 전략을 추진 중이기 때문이다. 한국도 자원외교의 일환으로 자원 확보를 위해 한국의 강점인 제조경쟁력을 활용한 패키지형 자원개발모델을 적극 추진하고 있다. 따라서 건설 및 플랜트, 기간산업 및 정보통신 등 다양한 분야에서 자원보유국과의 무역 활성화를 위해 FTA 체결을 추진해야 한다.

셋째, 산업구조 고도화를 목표로 해야 한다. 미국, EU 등 선진국들과의 FTA를 계기로 본격화된 산업구조 고도화 노력이 지속적으로 전개될 것이다. 앞으로 체결할 FTA도 제조업뿐만 아니라 서비스산업에서의 산업구조 고도화와 선진화를 목표로 해야 한다.

4. 한·중·일 및 동아시아 FTA의 중요성 인식

(1) 동아시아 FTA의 전개

가. 동아시아 지역통합을 보는 시각

2000년대 들어 동아시아 내에서 일어나고 있는 지역통합 운동은 1990년대 이후의 지역주의 추세와 동아시아 금융위기의 교훈이 그 배경으로 작용하고 있다. 그러나 동아시아의 지역주의와 지역통합 운동은 단순히 1990년대 이후의 경제적 사건만으로 유발된 것은 아니다. 오히려 그것은 동아시아가 공유하고 있는 문화적 전통과 지난 반세기 동안 구축해 온 경제의 기능적 통합에 기초하여 자생적으로 배태되어 온 역사적 흐름의 한 현상일 수 있다. 동아시아 지역주의 운동을 지역적 특성에 기초한 자생적 현상으로 파악할 경우, 그것은 동아시아 근세사의 갈등구조를 고려할 때 타 지역과는 다른 역사적 의의를 가질 수 있다.

동아시아는 20세기 이전까지 오랜 기간에 걸쳐 중국 중심의 화이질서(華夷秩序)에 기초한 '동아문화권'을 형성해 왔고 그 속에서 덕(德)과 예(禮)에 의한 국제적 평화질서가 유지되어 왔다. 그러나 20세기 이후 서구문화가 유입되면서 동아시아 국가들은 서로 다른 근대화의 길을 걷게 되었고, 그 과정에서 군국주의적 침략이나 식민 지배와 같은 민족적 갈등을 경험하였다. 여기에 다시 냉전시대의 이념적 대립까지 더해지면서 동아시아 역내 국가들은 서로간에 대립과 불신의 역사를 만들어 왔다. 최근 전개되고 있는 동아시아의 지역통합 운동은 동아시아를 갈라놓았던 이러한 냉전 및 제국주의적 국제질서가 소멸되면서 나타나기 시작한 신질서 운동이다. 따라서 동아시아의 지역통합 운동은 단순히 시장확대를 통한 경제적 이익의 추구만이 아니라 지난 한 세기 동안의 역사 단절에 대한 반성과 세계화의 흐름 속에서 새로운 국제협력질서를 창출하려는 역사적 움직임의 일환으로 받아들일 필요가 있다.

실제로 1990년대 이후 역내외에서 일어나고 있는 정치·경제적 사건들은 동아시아의 이러한 역사적 변화에 하나의 작은 계기를 제공하고 있을 뿐, 그것만으로 대립과 불신이 지속되어 왔던 동아시아에서 새로운 통합운동이 시작된 것으로 보기는 어렵다. 오히려 동아시아 통합의 자생적 요구는 1960년대 이후 역내 제국의 상호의존적 성장이 지속되는 과정에서 생겨났고 1980년대 말 냉전의 종식이 그 외연적 환경을 만들면서 구체화되기 시작한 것이다. 따라서 최근 동아시아 지역통합 운동의 배경에는 수십 년 전부터 단절의 역사를 청산하고 지역 국가들이 함께 공존하기를 원하는 지역 주민들의 오래된 희망이 작용하고 있는 것으로 볼 수 있다. 그런 의미에서 동아시아의 지역통합은 역내 무역자유화를 위한 FTA가 아니라 역내 FTA를 통해 경제적 교류와 상호이해의 폭을 넓히고 궁극적으로는 지역 전체가 정서적 일체감을 가지고 공존할 수 있는 하나의 생활공동체를 만들어 가는 것이 그 최종 목표가 되어야 할 것이다.[9]

나. 경제통합을 통한 지역공동체로의 접근

현재까지 진행되고 있는 동아시아 지역통합 논의는 역내 제국간 경제적

---

9) 본 장의 동아시아 및 동북아 경제통합의 전개 방향에 대한 기술은 주로 졸저 『국제경제통합론』, 시그마프레스, 2011, pp. 352~359의 내용을 재인용함.

상호의존 관계의 확대에 논리적 근거를 두고 있다. 1960년대 이후 동아시아 국가간에 실현해 온 높은 수준의 무역 및 산업의 상호의존 구조와 그로 인한 역내시장의 기능적 통합은 역내 국가간 역사적·정치적 갈등에도 불구하고 지역공동체 논의를 가능하게 하는 긍정적 논리로 작용해 왔다. 그리고 역내 제국간의 경제발전, 경제규모, 소득수준의 격차는 일반적으로 지역통합의 부정적 요소로 간주되고 있으나 동아시아는 오히려 이러한 발전 격차를 보완적 무역구조로 결합하여 동태적 성장의 원천으로 활용하였다. 따라서 동아시아는 이러한 보완적 발전구조를 계속 유지하는 것이 지역경제성장의 중요한 조건이 될 수 있다. 이러한 점에서 동아시아의 지역통합은 경제통합에서 출발할 필요가 있으며, 현재까지의 지역통합 논의도 그러한 시각에서 이루어지고 있다.

한편 동아시아의 정치·안보 및 역사인식 분야에서는 경제적 상호의존과는 반대로 지역통합에 부정적 요소가 크게 작용하고 있다. 한반도 분단과 대만해협의 긴장 및 냉전의 잔재로 인한 불안한 안보상황, 강한 민족주의와 국가간 역사 인식의 차이, 영토분쟁 등은 지역공동체에 대한 비관론의 근거가 되고 있다. 그러나 이러한 정치·안보상의 장벽들은 경제적 상호의존이 심화되고 사회조직의 하부구조가 통합되면 부수적으로 완화될 수 있는 요인들이다. 따라서 동아시아의 지역통합은 경제통합에 우선순위를 두고 추진하고 이를 통해 정치·안보 및 역사적 긴장문제를 해소해 가는 수순을 밟아 갈 필요가 있다. 유럽, 중남미 등 다른 여러 지역에서는 정치적 합의와 결속이 선행된 연후에 경제통합이 이루어지는 경우가 많으나 동아시아는 그 지역 역사의 특수성으로 인해 경제통합이 선행되어야 정치적 결속이 가능하다.

이런 의미에서 동아시아 경제통합은 '경제의 정치적 파급효과'를 창출할 수 있는 방향으로 추진되어야 한다. 경제통합을 통해 정치적 화해와 협력을 유도하기 위해서는 통합으로 인한 경제적 이익이 호혜성과 형평성에 맞추어 배분되어야 한다. 동아시아의 경우 1960년 이후의 역내 무역통합은 경제대국 일본을 중심으로 이루어져 왔고, 2000년대 이후의 무역통합은 새로운 성장지역으로 부상하고 있는 중국에 의해 유도되고 있다. 경제통합으로 인한 무역이익이 역내 무역의 중심국으로 집중되고 역내 무역질서 또한 특정 중심국 위주로 설정된다면, 역내 국가간 정치적 화해와 결속은 기대하기 어렵다. 따라서 정치·경제적 격차가 큰 동아시아의 경제통합은 경제적 이익의 호혜성을 통해 정치적 신뢰를 구축해 간다는 점에 목표를 두고 추진해야 할 것이다.

다. 한국 입장에서 본 동아시아 FTA의 중요성

한국의 FTA 추진 전략에서 정치·경제적으로 가장 중요한 의미를 가지는 지역은 동북아 및 동아시아 지역이다. 동아시아는 1990년대 이후 세계경제를 이끌어 갈 성장의 중심축으로 부상하고 있으며, 경제·정치·문화적 영향력에서 21세기 세계통합의 중심지로 주목받고 있다. 〈ASEAN+3〉(ASEAN 10개국+한·중·일)과 홍콩, 대만을 포함하는 동아시아 경제권은 세계 전체 GDP의 25%(2010년 구매력 평가 기준)를 차지하는데, 이는 미국(약 21%)과 EU(약 22%)를 넘어서는 규모이다. 수입규모로 본 시장의 크기도 동아시아는 23%로서 EU(39%)에는 미치지 못하나 미국(14%)보다는 훨씬 큰 비중을 차지하고 있다. 더욱이 이러한 경제적 비중이 계속 상승추세에 있음을 고려할 때 시장확보를 위한 한국의 FTA 추진 정책은 다른 어느 지역보다 동아시아에 초점을 맞추지 않을 수 없다. 특히 일본, 중국, ASEAN을 하나의 공정분업형 생산권으로 묶고 있는 한국의 입장에서는 단순한 수출시장으로

서의 중요성뿐만 아니라 생산 및 부품조달 기지로서의 전략적 의미가 크고, 한반도의 외교·안보 전략에 미치는 영향도 크기 때문에 동아시아에 대한 FTA 정책은 특별한 관심을 가지고 장기적 시각에서 접근할 필요가 있다.

(2) 한·중·일 FTA와 동북아 경제통합

가. 동북아 지역협력의 필요성

지금까지 동아시아의 지역통합 논의는 동남아의 ASEAN 10개국과 동북아의 한·중·일 3국으로 구성되는 〈ASEAN+3〉 체제에서 진행되어 왔다. 이 가운데 ASEAN은 이미 1967년부터 하나의 지역협력기구로 통합되고 있다. 그러나 동북아의 한국, 중국, 일본 간에는 어떠한 형태의 지역협력조직도 구성되지 못해 동아시아 전체의 통합을 지연시키는 요인이 되고 있다.

한국, 중국, 일본 3국은 20세기 전 기간에 걸쳐 상호 갈등과 반목의 역사를 경험하였다. 20세기 전반에는 전쟁과 식민통치 과정에서 갈등과 대립의 역사를 만들어 왔고, 후반에는 냉전체제하에서 이념적 대립 구조를 유지해 왔다. 이러한 근세사의 갈등 경험으로 인해 동북아 3국은 상호신뢰에 기초한 지역공동체로의 접근이 쉽지 않은 상황이었다. 그러나 1990년대 이후 냉전이 종식되고 국경장벽이 완화되는 세계화 시대를 맞이하면서 이들 3개국도 미래 지향적 시각에서 갈등과 대립을 협력과 공존의 관계로 바꾸어 갈 필요성을 공감하게 되었다. 그리하여 민간부문에서는 1990년대 벽두부터 한·중·일 3국을 중심으로 하는 동북아 공동체 혹은 동북아 경제통합에 대한 연구가 활발히 전개되었다. 그리고 2000년대 들어서는 정부 차원에서도 3국간 지역협력에 대한 관심표명과 함께 3국간 정상회의를 통해 구체적 협력방향을 논의하기 시작하였다.

나. 한·중·일 FTA의 추진

동북아의 한국, 중국, 일본 3국간 지역협력에 대한 공식적 접근은 3국간의 정상회의를 통해 이루어지고 있다. 한·중·일 3국의 정상회의는 1999년 〈ASEAN+3〉 정상회의에 연이어 한·중·일 정상이 별도로 모임을 가진 것이 그 출발이었다. 그 후 매년 〈ASEAN+3〉 정상회의 이후 3개국 정상이 별도로 회동하여 지역 공동의 문제를 협의해 오고 있다. 2008년부터는 그때까지 임의로 개최해 온 한·중·일 정상회의를 정례화하되, 〈ASEAN+3〉과는 별개로 한·중·일 3국에서 순회하며 개최하기로 하였다. 이때부터 3국간의 정상회의는 사실상 3국간 협력의 공식기구 역할을 담당하고 있다.

동북아 3개국이 경험했던 최근 1세기 동안의 갈등구조를 고려할 때 3개국 정상회의를 정례화하고 여기서 상호간 협력문제를 공식적으로 논의하게 되었다는 것은 동북아뿐만 아니라 동아시아 전체의 지역통합을 위해서도 진전된 행보가 아닐 수 없다. 실제 한·중·일 정상회의는 2008년 정례화 이후 최근 몇 년 동안 한·중·일 FTA 추진을 위시한 지역협력 문제에 적지 않은 성과를 보여 왔다. 2009년 북경에서 열린 3국 정상회의에서는 한·중·일 FTA를 위한 정부차원의 연구가 제안되었고 이에 따라 2010년 5월 3국이 함께 산·관·학 공동연구를 시작하였다. 이 북경회의에서는 3국 정상회의 10주년을 맞이하여 공동협력의 과제를 제시하는 공동성명을 채택하기도 하였다. 이 공동성명에서는 3국간의 미래지향적 협력가능성을 모색하고 그 역할을 확대하며 정치적 상호신뢰(안보, 국방), 경제협력 증진(무역, 투자, 재정, 기술, 에너지), 인적 교류 확대(청소년, 대학 간 교류), 아시아의 평화와 번영(지역협력), 지구문제에의 대응(기후변화, 금융위기, 테러 등) 등의 분야에서 상호 협력할 것을 확인하였다.

2010년 5월 제주에서 개최된 3국 정상회의에서는 세계경제의 중심이 아시아로 이동하고 있는 추세에서 한·중·일 3국간의 시장통합은 그 활용도가 매우 높을 것이라는 점에 3국 정상 모두 공감하였다. 그리고 동북아가 세계경제의 중심축으로 자리 잡기 위해 3국간의 역내협력이 필요하다는 인식을 공유하게 되었다. 이러한 공감대 위에서 우선 3국간 시장통합의 수단으로 FTA 추진을 적극 검토하며, 2011년까지 이에 대한 산·관·학 공동연구를 앞당기고 그 결과를 토대로 3국 정부간 FTA 협상을 시작하기로 하였다. 그 외에도 3국간 FTA를 근간으로 미래 동북아의 경제 및 문화 발전을 추구하며, 3국간 지역협력을 통해 세계적 영향력을 제고하자는 의견 등의 교감이 있었다. 이를 위해 동북아 협력을 위한 전략적 전문가를 양성하고 과학기술분야의 협력을 강화하는 방안이 제안되었다.

그리고 2010년 회의에서는 이러한 정상회의에서 제기되고 합의된 협력사안들을 전담할 상설 사무국을 한국에 두기로 결정하였다. 2011년 한국에 설치된 정상회의 상설 사무국은 정상회의에서 논의되고 합의된 사항을 실천하고 앞으로의 협의 의제를 정리하는 역할을 맡아 사실상 한·중·일 지역협력을 위한 제도적 기구로서 기능하게 되었다. 그리고 2012년 말 3개국 정상회의에서 한·중·일 FTA 협상 개시를 공식적으로 선언함에 따라 2013년부터는 3국간의 FTA 협상이 본격적으로 시작될 전망이다.

다. 한·중·일 FTA의 의의

한·중·일 3국간의 지역협력 가운데 가장 실효성 있고 가시적인 성과가 기대되는 과제는 3국간 FTA 체결이다. 동아시아의 3대 무역국인 이들 3국은 역외 국가 및 ASEAN 국가들과는 여러 형태의 FTA를 체결하고 있으나 서로간에는 아직 어떠한 FTA도 체결하지 못했다. 그것은 동북아 지역이 가지고 있는 역사적·정치적 특수성에 그 원인이 있으나, 직접적으로는 자국 경제의 취약부문에 대한 정치적 고려가 크게 부각되면서 시장개방에 대해 부담을 느끼고 있기 때문이다. 그러나 2008년 3국간 정상회담이 정례화되고 지역협력에 대한 정상간의 공감대가 확보되면서 역내시장 통합의 부담보다는 그것이 가져오는 효과가 더 클 수 있다는 인식을 공유하게 되었다. 그리하여 2010년 5월부터는 정부가 주도하는 산·관·학 FTA 공동연구가 시작되었으며, 이 연구의 결과에 따라 2012년 말 3국간 FTA 협상 개시를 공식 선언하였으며 2013년부터 본 협상이 시작되었다.

한·중·일 FTA를 가로막는 역사적·정치적·제도적 장벽이 적지 않으나, 일단 그 장벽을 극복하고 FTA가 체결된다면 그 효과는 동남아 국가들과의 FTA보다 더 클 것으로 기대된다. 한·중·일 FTA가 보다 큰 효과를 낼 수 있는 요인으로는 다음과 같은 사항들을 들 수 있다.

첫째, 3국은 지리적으로 인접해 있어 물리적 접근이 용이하며 그로 인해 물류, 통신, 여행비용의 절감과 같은 경제적 이익을 증대시킬 수 있다.

둘째, 3국간에는 경제구조와 무역구조의 보완성이 커 경제적 접근성이 높다. 발전 단계가 다른 3국간에는 보완적 무역구조로 인해 무역의 결합도가 높게 유지될 수 있고 그만큼 시장통합의 성과가 크게 나타날 수 있다. 중국의 경제발전과 한국의 기술발전으로 3국간 무역구조가 경합관계로 발전할 수 있으나, 동태적 시각에서 보면 이는 상당한 기간 동안 수직적 산업내무역의 확대요인으로 작용할 수 있다.

셋째, 한·중·일 3국간에는 문화적 근접성이 높다. 3국은 역사적으로 유교문화의 영향을 받았다는 공통점이 있다. 특히 교육철학, 생활규칙, 경제윤리 등에 유교사상의 영향이 컸다. 또한 3국은 모두 한자문화권에 속해 있으며, 종교적으로는 모두 대승불교의 영향을 받았다. 이러한 문화적 공통성은 3국간 의사소통을 쉽게 하고 생활관습과 소비패턴의 근접성을 통해 산업내 무역과 규모의 경제를 용이하게 해 준다. 이처럼 문화적 근접성은 회원국간의 제도통합을 용이하게 하고 공동거래규칙의 설정도 쉽게 하므로 3국간 경제통합의 효과를 높여 주는 결정적인 조건이 된다.

따라서 한·중·일 FTA는 3국간 경제발전 격차로 인해 협상조건의 조정이 쉽지 않다는 문제가 있으나, 일단 협정이 체결되고 나면 경제·사회·문화적 통합효과는 다른 지역보다 크게 나타날 수 있는 장점이 있다. 3국간 경제력 격차와 역사적 갈등 경험 등을 고려하면 현 단계에서는 한·일 FTA와 한·중 FTA를 먼저 체결한 후, 한국 중심의 양자간 FTA를 기준으로 해서 한·중·일 3자간 FTA에 접근해 가는 방법이 용이할 수 있다. 그러나 양자간 FTA로 인한 무역불균형 문제 등이 야기될 경우에는 양자간 FTA의 장단점이 3국간에 서로 교차될 수 있는 3자간 FTA가 오히려 더 쉬운 선택이 될 수도 있다. 어쨌든 한·중·일 3국간에 FTA가 체결된다면 이는 위에서 지적한 동북아 통합의 장점 외에 동아시아 FTA를 촉진하는 추동력이 될 수도 있다는 점에서 그 의의가 크게 평가될 수 있다.

한·중·일 3국은 〈ASEAN+3〉으로 구성되는 동아시아 무역의 약 3/4을 차지하고 있으며, GDP생산에서는 약 88%를 차지하고 있다. 또한 동아시아 경제협력의 성과로 지목되고 있는 치앙마이 통화협력(CMI) 기금의 80%를 이들 3개국이 분담하고 있다. 따라서 〈ASEAN+3〉 중심의 동아시아 협력은 사실상 동북아 3국의 협조 여하에 따라 그 속도나 방향이 결정될 수밖에 없는 구조이다. 그러나 지금까지는 중국과 일본 간의 패권경쟁과 접근 방법상의 이견으로 인해 동아시아 통합에 대한 리더십을 발휘하지 못하였으며,

그 대신 개발도상국 그룹인 ASEAN이 지역통합의 매개 역할을 해 왔다.

여기서 만약 한·중·일 3국간의 FTA가 체결되고 동북아 시장이 하나로 통합된다면, 동북아 FTA와 ASEAN의 결합을 통해 동아시아 시장을 하나로 통합할 수 있을 것이다. 이렇게 될 경우 동아시아 역내에 존재하는 스파게티 볼 형태의 중첩된 FTA는 하나의 동아시아 자유무역지대(EAFTA)로 대체될 것이고, 그로 인해 자유무역 시장의 관리비용이 크게 경감되고 시장통합의 효율성은 높아지게 될 것이다. 이러한 점에서 한·중·일 FTA가 동아시아 통합에 미치는 파급효과는 기존의 복잡한 개별 FTA의 누적효과보다 더 크다고 할 수 있다.

라. 한국 입장에서 본 한·중·일 FTA의 중요성

동아시아 경제권 내에서도 역내 정치적·경제적 지배력은 사실상 동북아의 한국, 중국, 일본에 의해 크게 영향을 받고 있으므로 한국의 입장에서는 특히 중국과 일본에 대한 FTA에 보다 큰 관심을 가지지 않을 수 없다. 한국, 중국, 일본 3개국 간에는 산업내무역과 생산의 국제적 결합을 통해 경제의 기능적 통합이 높은 수준으로 이루어지고 있다. 이들 양국과의 FTA는 경쟁력이 약한 산업의 사양화와 비대칭적 산업의존관계의 확대라는 부담도 적지 않으나, 다른 한편으로는 선진 일본과 추격과정의 중국을 우리 경제에 결합함으로써 한국경제의 구조개선과 체질개선을 도모할 수 있는 좋은 기회가 될 수도 있다. 특히 FTA를 통해 역내 투자가 활성화되고 공정분업에 의한 생산의 국제적 연계가 확대되면 역내 중진국인 한국은 분업기회가 확대되고 수출경쟁력이 제고되는 등의 추가 이익을 누릴 수 있다.

그러나 중국, 일본과의 FTA는 그 순서나 내용 여하에 따라 역내의 정치적·경제적 파급 영향이 달라질 수 있다는 특수성이 있으므로 가능한 한 한

·중·일 FTA는 처음부터 3자간 FTA 형태로 추진하는 것이 바람직하다. 만약 3자간 협의가 지연되어 쌍무적 협상부터 진행해야 한다면 이들 쌍무적 FTA는 중·장기적으로 역내 3자간 FTA로 결합하는 것을 전제로 추진할 필요가 있다.

알려진 바와 같이 중국은 홍콩, 마카오, 대만, 싱가포르를 범중화경제권으로 포섭하고 있으며, ASEAN과의 FTA를 통해 중화경제권 중심의 동아시아 경제통합을 구상하고 있다. 이러한 단계에서 한·중 FTA가 먼저 체결되면 경쟁 상대인 일본을 제외한 주변 국가들이 사실상 중국과의 특혜무역권으로 편입되는 결과를 가져올 수 있다. 이러한 이유 때문에 중국은 FTA의 경제적 효과 못지않게 동아시아의 주도권 장악이라는 정치적 목적을 달성하기 위해 한국과의 FTA를 적극적으로 희망하고 있다.

한국 입장에서는 한·중 FTA가 동아시아 정치·경제질서와 관련하여 보다 복잡한 의미를 가지고 있다. 미국에 이어 일본과의 FTA가 먼저 체결된 다음 한·중 FTA가 맺어진다면 한국으로서는 중립적 입장에서 동북아 FTA의 허브국으로서의 이점을 누릴 수 있다. 그러나 한·일 FTA가 무산된 상태에서 한·중 FTA만 성사된다면 이는 중국 중심의 중화경제권 형성을 지원하는 제도적 고리가 될 수 있다. 반대로 한·중 FTA가 무산되고 한·일 FTA가 성사된다면 한국, 일본, 미국은 하나의 특혜무역 벨트로 연결되며, 이는 1960년대 이후 한국의 경제성장을 지원했던 태평양 협력라인을 유지하는 방편이 된다. 이 경우 동아시아에서는 중국 중심의 동아시아 질서와 미·일 중심의 태평양협력질서 간에 긴장이 유지될 수 있다. 그로 인해 한국은 성장하는 동아시아 시장의 통합을 유도하여 경제적 이익을 극대화하려는 전략에 부담을 느끼지 않을 수 없게 된다. 또한 중국과의 FTA를 통해 북한

과의 경협 기회를 확보하고 한반도의 긴장완화를 유도한다는 안보상의 기대 이익도 바라기 어렵게 된다.

이러한 견지에서 볼 때 한국의 대(對)동북아 FTA 정책은 대(對)중, 대(對)일 FTA 어느 한쪽을 선택하기보다는 양자를 동시에 하나의 FTA로 유도하는 것이 최선의 방책이며, 이것이 동북아에 대한 한국의 FTA 허브화 전략에도 부합한다. 이를 위해 한국은 동북아 3국을 하나의 FTA권으로 연결할 수 있는 공동의 무역규범을 개발하고 이를 대중국 및 대일본 무역협정에 반영할 필요가 있다. 그렇게 하는 것이 한국이 동북아 FTA의 허브국으로서의 모습과 기능을 갖추는 방편이기 때문이다. 특히 한·중·일 3자간의 지역협력체제에서는 한국이 중국과 일본 간의 패권경쟁을 조정할 수 있는 중재자 위치에 있으며, 국제분업구조에서도 중계국의 위치에 있다. 따라서 한국은 공동원산지 기준과 같은 무역규범의 도입에서도 조정자 역할을 할 수 있는 위치에 있다. 이러한 위치를 활용하여 한국은 동북아에 대한 FTA 허브화 전략을 능동적으로 전개할 필요가 있다.

ECONOMICS

부록

부록 I

주요 무역 상대국의 FTA 추진 현황

1. 일본의 FTA 추진 현황

구분	국가/협정명	추진 경과	비고
발효 - 13건 15개국	싱가포르 EPA	'02. 11. 발효 '07. 9. 개정	· EPA: Economic Partnership Agreement
	멕시코 EPA	'05. 4. 발효 '07. 4. 개정 '11. 2. 추가개정협상 타결 '11. 9. 개정의정서 서명 '12. 4. 개정의정서 발효	· '08. 9.부터 신규 개정작업 타결
	말레이시아 EPA	'06. 7. 발효	
	칠레 FTA	'07. 9. 발효	
	태국 EPA	'07. 11. 발효	
	인도네시아 EPA	'08. 7. 발효	
	브루나이 EPA	'08. 7. 발효	
	필리핀 EPA	'08. 12. 발효	
	ASEAN EPA	'08. 12. 발효 '10. 6. 투자·서비스 협상 개시	· 동남아시아국가연합(ASEAN: the Association of Southeast Asian Nations) · '08. 일본, 싱가포르, 베트남, 미얀마, 라오스 발효 · '09. 브루나이, 말레이시아, 태국, 캄보디아 발효 · '10. 7. 1. 필리핀 발효
	스위스 EPA	'09. 9. 발효	· 유럽국가와 최초의 FTA 추진
	베트남 EPA	'09. 10. 발효	
	인도 EPA	'10. 10. 협상 타결 '11. 2. 공식 서명 '11. 8. 1. 발효	
	페루 EPA	'10. 11. 14. 협상 타결 '11. 5. 31. 공식 서명 '12. 3. 1. 발효	
	호주 EPA	'07. 4. 협상 개시 '12. 6. 제16차 협상	

협상 중	GCC FTA	'06. 9. 협상 개시 '07. 1. 제2차 협상 '09. 3.까지 4차례 비공식 협의	· 걸프협력회의(GCC: Gulf Cooperation Council) · 사우디아라비아, 쿠웨이트, UAE, 카타르, 오만, 바레인 등 6개국
	몽골 EPA	'10. 6. 공동연구 개시 '10. 11. 제2차 공동연구 '11. 3. 공동연구 종료 '12. 6. 제1차 협상 개시 '12. 12. 제2차 협상	· 희토류, 석탄, 우라늄 등의 자원협력 추진
	캐나다 EPA	'11. 3. 공동연구 개시 '12. 3. 공동연구 종료 '12. 11. 제1차 협상 개시 '13. 4. 제2차 협상 예정	· EPA: Economic Partnership Agreement
	콜롬비아 EPA	'11. 11. 공동연구 개시 '12. 7. 공동연구보고서 발표 '12. 12. 14. 제1차 협상 개시	· EPA: Economic Partnership Agreement
	한·중·일 FTA	'09. 10. 민간공동연구 종료 합의 '10. 1. 산·관·학 공동연구 준비회의 '10. 5. 제1차 산·관·학 공동연구 '11. 12. 산·관·학 공동연구 종료 '12. 3. 공동연구보고서 공개 '12. 5. 13. 3국정상 협상 개시 합의 '12. 6. 실무협의 개최 '12. 11. 협상 개시 선언	· '11. 한·중·일 투자 협정 최종 합의 추진 · '11. 5. 3국 정상회의 시 연내 공동연구 종료 및 차년도 협상 개시 추진 합의 · '11. 5. 13. 한·중·일 투자보장협정 서명
	RCEP	'05. 4. 중국 측이 제안한 ASEAN+3 민간연구 개시 '07. 6. 일본 측이 제안한 ASEAN+6 민간연구 개시	· ASEAN+3는 EAFTA(East Asia Free Trade Area) · ASEAN+6는 CEPEA(Comprehensive Economic Partnership for East Asia)
	RCEP	'10. 9. ASEAN 측, ASEAN+3, ASEAN+6에 대해 원산지, 관세품목표, 통관절차, 경제협력 논의 개시 '11. 8. 중·일 공동, ASEAN+3, ASEAN+6 작업반 설립 ASEAN 측에 제안 '11. 11. ASEAN 측 RCEP 작업반(상품, 서비스, 투자) 설립 동의	· 역내 포괄적 경제동반자협정(RCEP: Regional Comprehensive Economic Partnership) · ASEAN 10개국, 한·중·일, 호주, 뉴질랜드, 인도 등 총 16개국

		'12. 4. ASEAN 측 연내 RCEP 개시 추진 합의 '12. 5. 한·중·일 정상, RCEP 가속화를 위한 작업반 설치 협력 합의 '12. 11. 협상 개시 선언	
추진 검토	한국 EPA	'04. 11. 제6차 협상 후 중단 '08. 6.~ 협상재개 실무 협의 4차례 개최 '10. 9.~'12. 6. 국·과장급 실무협의 4회	· EPA: Economic Partnership Agreement
	터키 EPA	'12. 11. 제1차 공동연구 개시	· EPA: Economic Partnership Agreement
	뉴질랜드 FTA	'06. 11~'09. 3. 공동연구 '09. 12. 정부간 회의 개최	
	TPP 확대	일본 측 '11. 11. 참가 의사 표명 '13. 2. 미국과 정상회담 시 관세철폐 예외품목 인정을 요청	· 환태평양경제동반자협정(TPP: Trans-Pacific Partnership): 칠레, 브루나이, 싱가포르, 뉴질랜드, 호주, 베트남, 페루, 말레이시아, 미국, 멕시코, 캐나다 등 11개국 · 일본 측 한·미 FTA 견제, 농업 개혁·개방 의지 표명 · '11. 11. 일본, 멕시코, 캐나다 3국 참가의사 표명, 기존 협상국과 양자간 논의 개시. 참가의사를 공식화한 바 있으나, 일본 국내의 논란으로 참가 여부를 결정하지 못하고 있음
	EU EPA	'10. 4. 공동 검토작업 합의 '12. 11. 29. EU 이사회, 집행위에 EU·일본 FTA 협상 개시 승인	· EPA: Economic Partnership Agreement · 일본 측 한·EU FTA 견제 · 예비교섭을 통해, 일본의 비관세 장벽 철폐, 철도, 교통 등의 정부조달 개방 등을 논의키로 합의

2. 중국의 FTA 추진 현황

구분	국가/협정명	추진 경과	비고
발효 - 9건 17개국	홍콩 CEPA	'04. 1. 발효	· CEPA: Closer Economic Partnership Arrangement
	마카오 CEPA	'04. 1. 발효	
	ASEAN FTA	'04. 1. EHP 발효 '05. 7. 상품협정 발효 '07. 7. 서비스협정 발효 '09. 8. 투자협정 서명	· 동남아시아국가연합(ASEAN: the Association of Southeast Asian Nations): 싱가포르, 말레이시아, 필리핀, 브루나이, 인도네시아, 태국, 캄보디아, 라오스, 베트남, 미얀마 등 10개국 · 조기 철폐 프로그램(EHP: Early Harvest Programme) 실시 · 농산물 일부품목(교역액 기준 1.5%)의 관세 조기 철폐
	칠레 FTA	'06. 10. 상품협정 발효 '10. 8. 서비스협정 발효 '10. 2. 제6차 투자협상 개최	
	파키스탄 FTA	'06. 1. EHP 발효 '07. 7. 상품협정 발효 '09. 10. 서비스협정 발효	· 조기 철폐 프로그램(EHP: Early Harvest Programme) 실시
	뉴질랜드 FTA	'08. 10. 발효	· 선진경제권과의 최초의 FTA
	싱가포르 FTA	'09. 1. 발효	
	페루 FTA	'10. 3. 발효	
	코스타리카 FTA	'11. 8. 발효	
협상 중	대만 ECFA 확대	'10. 9. ECFA 발효 '11. 1. EHP 발효 '12. 8. 9. 투자 보호·진흥, 세관협력 협정 서명	· 경제협력기본협정(ECFA: Economic Cooperation Framework Agreement) · 조기 철폐 프로그램(EHP: Early Harvest Programme) · 806개 품목에 대한 조기 철폐 프로그램 발효 이후 확대 협상 추진
	SACU FTA	'04. 6. 협상 개시 선언	· 남아프리카 관세동맹(SACU: Southern African Customs Union): 보츠와나, 레소토, 나미비아, 남아공, 스와질란드 등 5개국
	GCC FTA	'05. 4. 협상 개시 '07. 11. 제5차 협상	· 사우디아라비아, 쿠웨이트, UAE, 카타르, 오만, 바레인 등 6개국
	호주 FTA	'05. 5. 협상 개시 '12. 3. 제18차 협상	
	노르웨이 FTA	'08. 9. 협상 개시 '10. 9. 제8차 협상	

	아이슬란드 FTA	'07. 4. 협상 개시 '08. 5. 제4차 협상	
	스위스 FTA	'11. 4. 제1차 협상 '12. 2. 제4차 협상	
	한국 FTA	'07. 3. 공동연구 개시 '10. 5. 공동연구 종료 MOU '12. 5. 2. 협상 개시 선언 '12. 5. 14. 제1차 협상개최 '12. 10. 제4차 협상개최	
	한·중·일 FTA	'09. 10. 민간공동연구 종료 합의 '10. 5. 제1차 산·관·학 공동연구 '11. 12. 산·관·학 공동연구 종료 '12. 3. 공동연구보고서 공개 '12. 5. 13. 3국정상 협상개시 합의 '12. 6. 실무협의 개최 '12. 11. 협상 개시 선언	·'11. 한·중·일 투자 협정 최종 합의 추진 ·'11. 5. 3국 정상회의 시 연내 공동연구종료 및 차년도 협상개시 추진 합의 ·'11. 5. 13. 한·중·일 투자보장협정 서명
	RCEP	'05. 4. 중국 측이 제안한 ASEAN+3 민간연구 개시 '07. 6. 일본 측이 제안한 ASEAN+6 민간연구 개시 '10. 9. ASEAN 측, ASEAN+3, ASEAN+6에 대해 원산지, 관세품목표, 통관절차, 경제협력 논의 개시 '12. 4. ASEAN 측 연내 RCEP 개시 추진 합의 '12. 5. 한·중·일 정상, RCEP 가속화를 위한 작업반 설치 협력 합의 '12. 6.~10. 작업반, 경제 장관 회의 '12. 11. 협상 개시 선언	·ASEAN+3는 EAFTA ·ASEAN+6는 CEPEA ·역내포괄적경제동반자협정(RCEP: Regional Comprehensive Economic Partnership) ·ASEAN 10개국, 한·중·일, 호주, 뉴질랜드, 인도 등 총 16개국
추진 검토	콜롬비아 FTA		·정상회담 통해, 중국 측이 콜롬비아 측에 조속한 협상개시 촉구
	인도 RTA	'03. 공동연구 개시 '07.10. 공동연구 종료	·RTA: Regional Trade Arrangement

3. ASEAN의 FTA 추진 현황

구분	국가/협정명	추진 경과	비고
발효 - 5건 6개국	중국 FTA	'04. 1. EHP 발효 '05. 7. 상품협정 발효 '07. 7. 서비스협정 발효 '09. 8. 투자협정 서명	· 조기 철폐 프로그램(EHP: Early Harvest Programme) 실시 · 농산물 일부품목(교역액 기준 1.5%)의 관세 조기 철폐
	일본 EPA	'08. 12. 발효 '10. 6. 투자·서비스 협상 개시	· '08. 일본, 싱가포르, 베트남, 미얀마, 라오스 발효 · '09. 브루나이, 말레이시아, 태국, 캄보디아 발효 · '10. 7. 1. 필리핀 발효
	한국 FTA	'07. 6. 상품협정 발효 '09. 5. 서비스협정 발효 '09. 9. 투자협정 발효	
	인도 FTA	'10. 1. 상품협정 발효 '12. 12. 서비스·투자 협상 타결 '13. 8. 서명 추진	· 상품협정 인도 및 ASEAN 8개국간 발효 중 (캄보디아, 필리핀은 국내절차 진행 중)
	호주·뉴질랜드 FTA	'10. 1. 발효	· '11. 1. 라오스, 캄보디아 발효 · '12. 1. 인도네시아 발효 잔여국 2010년 발효
협상 중	EU FTA	'07. 7. 개시 '09. 3. 협상 중단 ASEAN 개별국과 EU 간 협상으로 변경	· ASEAN 10개국간 경제 격차와 일부 국가의 인권문제로 협상이 난항 · EU는 ASEAN 전체가 아닌 ASEAN 개별국과 EU 간 양자 FTA 추진 결정 · 이후 EU는 싱가포르, 말레이시아, 베트남 등과 개별협상을 추진했고, 싱가포르와는 '12. 12. FTA 협상 타결
	RCEP	'05. 4. 중국 측이 제안한 ASEAN+3 민간연구 개시 '07. 6. 일본 측이 제안한 ASEAN+6 민간연구 개시 '12. 4. ASEAN 측 연내 RCEP 개시 추진 합의 '12. 5. 한·중·일 정상, RCEP 가속화를 위한 작업반 설치 협력 합의 '12. 11. 협상 개시 선언	· ASEAN+3는 EAFTA · ASEAN+6는 CEPEA · 역내 포괄적 경제동반자협정(R C E P : Regional Comprehensive Economic Partnership) · ASEAN 10개국, 한·중·일, 호주, 뉴질랜드, 인도 등 총 16개국

4. 미국의 FTA 추진 현황

구분	국가/협정명	추진 경과	비고
발효 - 14건 20개국	이스라엘 FTA	'85. 8. 발효	
	NAFTA	'94. 1. 발효	· 북미자유무역지대(NAFTA: North American Free Trade Agreement): 미국, 캐나다, 멕시코 등 3개국
	캐나다 FTA	'89. 1. 발효	· 미국·캐나다 FTA는 1994년 멕시코가 참여하는 NAFTA로 대체
	요르단 FTA	'01. 12. 발효	
	싱가포르 FTA	'04. 1. 발효	
	칠레 FTA	'04. 1. 발효	
	호주 FTA	'05. 1. 발효	
	모로코 FTA	'06. 1. 발효	
	바레인 FTA	'06. 8. 발효	
	DR-CAFTA	'06. 3. 이후 '09 사이 단계적 발효	· DR-CAFTA(Dominican Republic-Central America Free Trade Agreement): 미국, 코스타리카, 엘살바도르, 과테말라, 온두라스, 니카라과, 도미니카 공화국 등 총 7개국
	오만 FTA	'09. 1. 발효	
	페루 TPA	'09. 2. 발효	· TPA: Trade Promotion Agreement
	한국 FTA	'12. 3. 발효	
	콜롬비아 TPA	'12. 5. 발효	· TPA: Trade Promotion Agreement
	파나마 TPA	'12. 10. 발효	· TPA: Trade Promotion Agreement
협상중	TPP 확대	'10. 3. 협상개시 '13. 3. 제16차 협상 '13. 연말 타결 목표	· 환태평양경제동반자협정(TPP: Trans-Pacific Partnership): 기존의 칠레, 브루나이, 뉴질랜드, 싱가포르 4개국에 호주, 미국, 페루, 베트남, 말레이시아, 캐나다, 멕시코가 합류하여 총 11개국
추진검토	TAFTA(EU)	· 범대서양자유무역지대(TAFTA: Trans-Atlantic Free Trade Area)는 미국·EU 간 FTA로 전 세계 GDP의 약 50%를 차지 · '90년대부터 학계 등에서 비공식적 연구 수행 · EU 의회, 양측간 FTA 지지 의사	
협상	SACU FTA	'03. 6. 협상 개시 이후 현재 협상 중단	· 남아프리카 관세동맹(SACU: Southern African Customs Union): 남아프리카공화국, 보츠와나, 레소토, 나미비아, 스와질랜드 등 5개국

중단	CAN FTA	'04. 5. 협상 개시 이후 현재 협상 중단	· 안데안 공동체(CAN: Andean Community): 볼리비아, 콜롬비아, 에콰도르, 페루 등 4개국
	에콰도르 FTA	'04. 5. 협상 개시 이후 현재 협상 중단	
	태국 FTA	'04. 6. 협상 개시 이후 현재 협상 중단	
	FTAA	'94. 12. 협상 개시 이후 현재 협상 중단	· 미주자유무역지대(FTAA: Free Trade Area of the Americas): 쿠바를 제외한 미주 34개국
	UAE FTA	'05. 3. 협상 개시 이후 현재 협상 중단	
	말레이시아 FTA	'06. 6. 협상 개시 이후 현재 협상 중단	

5. EU의 FTA 추진 현황

구분	국가/협정명	추진 경과	비고
발효 - 29건 27개국	OCTs FTA	'71. 1. 발효	· OCTs(Overseas Countries and Territories): EU 회원국들의 해외 영토로 되어 있는 19개 지역(앵귈라섬, 아루바, 영국령 인도양제도, 케이먼제도, 포클랜드제도, 프랑스령 폴리네시아, 프랑스령 남부와 남극지역, 그린란드, 마요트섬, 몬세라트섬, 네델란드령 앤틸리스제도, 뉴칼레도니아섬, 핏케언섬, 세인트헬레나섬, 생피에르·미클롱섬, 남조지아·남샌드위치제도, 터크스·카이코스제도, 버진제도, 월리스·푸투나제도)
	(개별국)EFTA FTA	'73. 1. 스위스 발효 '73. 4. 아이슬란드 발효 '73. 7. 노르웨이 발효	· 유럽자유무역연합(EFTA: European Free Trade Association): 스위스, 노르웨이, 아이슬란드, 리히텐슈타인 등 4개국 · EU와 EFTA 회원국이 개별국 차원에서 FTA 체결
	(전체)EFTA FTA	'77. 발효	· EFTA와 EU 양 경제블록 간 공산품 자유화를 위한 FTA 발효
	시리아 CA/FTA	'77. 7. CA 발효 '04. FTA 협상 타결 '08. 12. 기술적 적용을 위한 가서명 '09. 10. EU 이사회 채택	· 협력협정(CA: Co-operation Agreement) · FTA 공식서명은 시리아 내전 등 정치적 이유로 연기되고 있음 · EU 측의 시리아 제재로 CA 협정 적용은 중단되어 있으며, 원유 및 석유제품 수입금지과 수출 제한 등이 주요 내용임
	안도라 CU	'91. 7. 발효	· EU·안도라 관세동맹(CU: Customs Union): 농산물 제외
	산마리노 CU	'92. 12. IA 발효	· 잠정협정(IA: Interim Agreement)
	EEA	'94. 1. 발효	· 유럽경제지역(EEA: European Economic Area): 스위스를 제외한 EFTA 3개국과 EU 27개국이 참여
	터키 CU	'95. 12. 발효	· EU·터키 관세동맹(CU)은 농산물 제외
	이스라엘 AA	'95. IA 발효 '00. 6. AA 발효 '10. 농업부분 추가 개방 발효 '10. 5. 제약분야의 표준 관련 협정(ACAA) 서명	· 잠정협정(IA: Interim Agreement) · AA(연합협정: Association Agreement) · 적합성 측정과 산업제품 용인에 대한 협정(CAA: Conformity Assessment and Acceptance of industrial products) · 서비스, 분쟁해결절차에 대한 논의
	페로 제도 FTA	'97. 1. 발효	· 덴마크령 페로제도(Faroe Islands)

팔레스타인 자치 정부 AA	'97. 7. IA 발효 '12. 1. 농산물·가공농산물 ·수산물의 무관세·무쿼터 협정 발효	· AA(연합협정: Association Agreement) · 잠정협정(IA: Interim Agreement)
튀니지 AA	'98. 3. 발효 '09. 12. 분쟁해결 절차 서명	· AA(연합협정: Association Agreement)
남아프리카 공화국 TDCA	'00. 1. 발효	· 무역개발협력협정(TDCA: Trade, Development and Co-operation Agreement)
모로코 AA	'00. 3. 발효 '12. 10. 농업부분 추가 개방 발효 '12. 11. 분쟁해결절차 발효 '11. 12. EU 이사회, DCFTA 추진키로 결정 '13. DCFTA 협상 개시	· AA(연합협정: Association Agreement) · DCFTA: Deep and Comprehensive Free Trade Area)
멕시코 FTA	'00. 7. 상품 발효 '00. 10. 서비스 발효 '12. 11. EU 측, FTA 확대 의사 표명	
FYROM SAA	'01. 6. IA 발효 '04. 5. 발효	· 구 유고연방 마케도니아 공화국(FYROM: Former Yugoslavic Republic of Macedonia) · 잠정협정(IA: Interim Agreement) · 안정·연합협정(SAA: Stabilisation and Association Agreement) · 잠정협정(IA: Interim Agreement)
크로아티아 SAA (EU 가입)	'02. 3. IA 발효 '05. 2. 발효 '03. 2. EU 가입신청 '04. 6. 크로아티아 공식 후보국 지위 '05. 10. 가입협상 개시 '11. 6. 가입협상 완료 '13. 6. 27개국 비준 완료 예상 '13. 7. 1. 정식가입 전망	· 안정·연합협정(SAA: Stabilisation and Association Agreement) · 잠정협정(IA: Interim Agreement) · EU 가입을 위한 협상 타결, EU 의회 승인, 서명, 크로아티아 국민투표 완료, 현재 EU 27개국 비준절차 진행 중
요르단 AA	'02. 5. 발효 '07. 농업부분 추가 개방 발효 '11. 7. 분쟁해결절차 발효 '11. 12. EU 이사회, DCFTA 추진키로 결정	· AA(연합협정: Association Agreement) · 향후 DCFTA에서 서비스 자유화가 논의될 예정이며, 표준관련 협정도 준비되고 있음 · DCFTA: Deep and Comprehensive Free Trade Area

	칠레 AA	'03. 2. 상품 발효 '05. 3. 서비스 등 전체 협정 발효	· AA(연합협정: Association Agreement)
	레바논 AA	'03. 3. IA 발효 '06. 4. 발효 '10. 11. 분쟁해결절차 서명	· AA(연합협정: Association Agreement) · 잠정협정(IA: Interim Agreement)
	이집트 AA	'04. 1. 상품 발효 '04. 6. 발효 '07. 농업부분 추가 개방 발효 '10. 11. 분쟁해결절차 서명 '11. 12. EU 이사회, DCFTA 추진키로 결정	· AA(연합협정: Association Agreement) · EU는 이집트와 상품협정 발효 후 농업부분 추가, 분쟁해결 절차 도입을 추진 · 서비스 개방 등을 포함하여 포괄적인 FTA(DCFTA: Deep and Comprehensive Free Trade Area) 추진 결정
	알제리 AA	'05. 9. 발효	· AA(연합협정: Association Agreement)
	알바니아 SAA	'06. 12. IA 발효 '09. 4. 발효	· 잠정협정(IA: Interim Agreement) · 안정 · 연합협정(SAA: Stabilisation and Association Agreement)
	몬테네그로 SAA	'08. 1. IA 발효 '10. 5. 발효	· 잠정협정(IA: Interim Agreement) · 안정 · 연합협정(SAA: Stabilisation and Association Agreement)
	보스니아헤르체고비나 SAA	'08. 7. IA 발효	· 잠정협정(IA: Interim Agreement)
	세르비아 SAA	'10. 2. IA 발효	· 잠정협정(IA: Interim Agreement)
	한국 FTA	'11. 7. 잠정 발효	
서명 및 타결 – 4건 10개국	페루·콜롬비아 AA	'12. 6. 공식서명 '12. 12. EU 의회 동 FTA 동의, EU 측 절차 완료 페루·콜롬비아 측 비준 절차 중 '13. 1/4분기 잠정적용 전망	· AA(연합협정: Association Agreement) · '07.9.CAN(안데안공동체: Andean Community)의 페루, 콜롬비아, 에콰도르, 볼리비아 등 4개국과 협상 · EU는 동일한 구조의 협정을 페루·콜롬비아와 각각 양자 차원에서 협상하되 특정 품목, 분야에 대해서는 다자가 참여하는 방식의 협상을 진행
	중미 AA	'10. 5. 타결 '11. 3. 가서명 '12. 6. 공식서명 '12. 7. EU 이사회, EU 의회 측에 동의 요청 '13. 2/4분기 잠정적용 전망	· AA(연합협정: Association Agreement) · 중앙아메리카(CA: Central America) · 코스타리카, 엘살바도르, 과테말라, 온두라스, 니카라과, 파나마 등 6개국

	싱가포르 FTA	'10. 3. 협상 개시 '12. 12. 16. 협상 타결 '13. 상반기 가서명 추진	· EU와 ASEAN 개별국과의 양자 협상 · EU가 ASEAN 개별국과 타결한 첫 번째 FTA이자, EU가 한국에 이어 아시아 지역에서 두 번째로 타결한 FTA
	우크라이나 AA	'08. 2. DCFTA 협상 개시 '11. 12. DCFTA 협상 타결 '12. 3. AA 가서명 '12. 7. DCFTA 가서명	· AA(연합협정: Association Agreement) · 우크라이나와의 AA(연합협정)를 추진하며, 그 일부분으로 DCFTA 추진 · DCFTA: Deep and Comprehensive Free Trade Area
협상 중	인도 FTA	'07. 6. 협상 개시 '10. 11. 제11차 협상 '12. 6. 장관급 회의 '12. 7.~ 실무진 회의	
	CAN AA	'07. 9. 협상 개시 '08. 11. 협상 중단	· CAN(안데안 공동체: Andean Community) : 페루, 콜롬비아, 에콰도르, 볼리비아 등 4개국 · EU는 안데안 공동체 전체와의 협상을 중단하고 페루, 콜롬비아와만 협상을 추진
	에콰도르 AA	'09. 2. 협상 개시 '09. 7. 협상 중단	
	리비아 FTA	'08. 11. 협상 개시 '11. 2. 협상 중단	
	캐나다 CETA	'09. 10. 협상 개시 '11. 17. 제9차 협상	· CETA: Comprehensive Economic and Trade Agreement · EU 측은 캐나다의 조달시장, 제약 특허, 유제품 등에 관심 · 캐나다 측은 농축산물 시장 진출 및 금융시장 보호에 관심
	ASEAN FTA	'07. 7. 협상 개시 '09. 3. 협상 중단 '09. 12. EU는 ASEAN 개별국과 양자 FTA 추진 결정	· 동남아시아국가연합(ASEAN: the Association of Southeast Asian Nations): 싱가포르, 말레이시아, 필리핀, 브루나이, 인도네시아, 태국, 캄보디아, 라오스, 베트남, 미얀마 등 10개국 · ASEAN 10개국간 경제 격차와 일부 국가의 인권문제로 협상이 난항을 겪어 중단됨 · 싱가포르, 말레이시아, 베트남과 개별협상 추진
	베트남 FTA	'12. 6. 협상 개시 선언 '12. 10. 제1차 협상 개시 '13. 1. 제2차 협상 예정	
	말레이시아 FTA	'10. 10. 협상 개시 선언	· EU와 ASEAN 개별국과의 양자 협상

		'10. 12. 협상 개시 '11. 3. 제2차 협상 '12. 4. 제7차 협상 '12. 9. 회기간 워킹그룹 회의(원산지, 서비스, 무역구제, 녹색기술)	
	MERCOSUR FTA	'00. 10. 협상 개시 '04. 10. 협상 중단 '10. 5. 협상 재개 '11. 6.~'12. 10. 8차례 협상 개최	· 남미 남부공동시장(MERCOSUR: Mercado Comun del Sur): 브라질, 아르헨티나, 파라과이, 우루과이, 베네수엘라 등 5개국 · EU와 아르헨티나의 통상 분쟁 등을 배경으로 협상 난항
	GCC FTA	'90. 협상 개시 이후 중단 '02. 3. 협상 재개 '08. 12. 협상 중단	· 걸프협력회의(GCC: Gulf Cooperation Council): 사우디아라비아, 쿠웨이트, UAE, 카타르, 오만, 바레인 등 중동 6개국 · EU와 GCC 측은 협상 재개를 위해 비공식적으로 논의 지속
	조지아 FTA	'12. 2. 협상 개시 '12. 11. 제4차 협상 '13. 2차례 협상 개최 예정	
	아르메니아 AA	'12. 2. EU 이사회, 집행위에 DCFTA 추진 승인 '12. 6. 제1차 협상 개시 '13. 2. 제4차 협상	· 아르메니아와의 AA(연합협정)를 추진하며, 그 일부분으로 DCFTA 추진 · DCFTA: Deep and Comprehensive Free Trade Area
	몰도바	'12. 2. 협상 개시 '12. 11. 제4차 협상	
추진 검토	일본 EPA	'10. 4. 공동검토작업 개시 합의 '12. 5. 협상의제 등 합의 '12. 11. 29. EU 이사회, 집행위에 EU·일본 FTA 협상 개시 승인	· 일본 측 한·EU FTA 견제 · 예비교섭 통해 양측은 일본의 비관세 장벽 철폐, 철도, 교통 등의 정부조달 개방 등을 논의키로 합의
추진 검토	TAFTA(미국)	· 범대서양자유무역지대(TAFTA: Trans-Atlantic Free Trade Area)는 미국·EU 간 FTA로 전 세계 GDP의 약 50%를 차지 · '90년대부터 학계 등에서 비공식적으로 연구 수행 · '13년 초 권고안 제출 · EU 의회, 양측간 FTA 지지 의사	
추진 검토	아제르바이잔, 브루나이, 인도네시아, 필리핀, 태국, 대만과 FTA 검토 중		

자료: 명진호, 「주요국 FTA 추진 현황과 2013년 전망: 19개 경제권을 중심으로」, *Trade Focus*, 한국무역협회, 2013. 2., pp. 1~94.

부록 II

한·미 FTA 주요 협정 내용

○ 한·미 FTA는 2006년 6월 협상이 개시되어 2007년 12월 1차 협상이 타결됨

○ 2010년 12월 미국 측의 요구로 다시 시작된 추가 협상이 타결되었으며, 서신교환(Exchange of letters) 형태로 추가협상 내용(자동차 관세 철폐 기간 연장 등)을 원안에 반영함

○ 2012. 3. 15.부터 발효됨

○ 한·미 FTA에서는 상품, 농업, 서비스, 투자, 무역구제 등 모두 17개 부문에 걸쳐 협상을 진행하였으며, 그 주요 내용은 다음과 같음

1. 내국민대우 및 수출입제한 금지

(1) 당사국은 1994 GATT 제3조 및 그 주해에 따라 다른 쪽 당사국의 상품에 대해 내국민대우를 부여(제2.2조)

(2) 당사국은 1994 GATT 제11조 및 그 주해에 따른 경우를 제외하고, 다른 쪽 당사국의 상품의 수입 또는 다른 쪽 당사국에 대한 수출 및 판매에 대해서 금지 또는 제한 조치 금지(제2.8조)

(3) 내국민대우 및 수출입 제한 금지의 예외(부속서 2-가)

- 우리나라는 WTO 분쟁해결기구에 의하여 승인된 조치, WTO 절차에 따라 시장교란을 다루기 위하여 적용하는 조치를 예외로 규정
- 미국은 상기 WTO 관련 2가지 조치 외에 원목 수출통제, Jones Act(미

국 내 수상운송 규제)를 추가 예외로 규정

※ 미국은 기 체결한 모든 FTA에서 상기 예외를 반영

- 미국은 서부에 위치한 17개 주(Alaska 및 Hawaii 제외)의 연방 및 주정부 소유림에서 벌채된 원목의 수출을 금지(산림자원의 보존 및 부족완화법(Forest Resources Conservation & Shortage Relief Act of 1990))
- 미국 상선법(제27장)은 미국 내 화물운송은 "미국에서 ① 건조되고 ② 미국민이 소유(법인인 경우, 75% 이상 미국민 소유)하고 있는 ③ 미국 국적선(U. S. built, U. S. owned, U. S. flag vessel)"에 의해서만 수송되어야 한다고 규정

※ Jones Act는 넓은 뜻으로 미국의 국내수상운송과 관련된 법령을 통칭하나, 좁은 의미로는 상선법 제27장(Section 27 of the MerchantMarine Act of 1920)을 지칭

- 우리나라 역시 미국의 Jones Act와 같이 국내항간 운송선박은 내국민으로 한정하고 있으나, 국내 건조요건은 없음(선박법 제2조, 제6조)

(4) 조정관세 반영(대한민국 관세양허표 일반주해)

- 국내산업 보호 등을 위해 100%를 상한으로 관세율을 인상하여 적용할 수 있는 탄력관세제도
- 현 조정관세 대상 품목은 대부분 주 수입원이 중국인 품목

※ 2012년 조정관세 적용 품목(15개): 당면, 새우젓, 활돔, 활농어, 냉동민어, 냉동 오징어, 냉동 명태, 냉동 꽁치, 활민어, 활뱀장어, 혼합조미료, 메주, 표고버섯, 찐쌀, 합판

(5) 양국은 원산지와 관계없이 일부 상품에 대하여 무관세 일시반입 허용

※ 일시반입 대상 물품

- 언론매체 또는 텔레비전을 위한 장비, 소프트웨어, 그리고 방송 및

영화촬영 장비를 포함하는 전문 장비
- 전시 또는 시연을 위한 상품
- 상업용 견본품과 광고용 필름 및 기록물
- 스포츠용으로 반입되는 상품

2. 상품에 대한 내국민대우 및 시장접근

〈한국 측〉

자유무역협정의 이행을 위한 관세법의 특례에 관한 법률 시행규칙 제11조의 4를 통해 협정상 일시반입 대상인 미국 상품에 대한 면세를 규정

〈미국 측〉

관세율표(HTSUS) 개정을 통해 협정상 일시반입 대상인 우리나라 상품에 대한 면세를 규정(HTSUS Chapter 98, Subchapter 22, US note 1(b)에 한·미 FTA 추가)

※ 한·미 FTA는 무관세 일시반입(제2.5조)의 경우, 무관세가 아니었다면 부과되었을 부과금의 110% 이하의 담보물 제공이 가능하다고 규정(제2.5조 제3항)하고 있으나, 미국은 상기 규정에도 불구, 한국 거주민이 반입한 한국 원산지의 무관세 일시반입 상품에 대하여 채권 등 담보유치의무 면제(19 CFR 10.31)

(1) 수리 또는 개조에 대한 무관세 적용
- 양국은 수리 또는 개조를 위하여 자국 영역에서 다른 쪽 당사국의 영역으로 일시적으로 수출된 후 재반입되는 상품에 대하여 무관세 적용
  ※ 그 상품을 수출한 당사국의 영역에서 수리 또는 개조가 이루어질

수 있는지 여부, 또는 수리 혹은 개조가 그 상품의 가치를 증가시켰는지 여부와 무관

(2) 미국의 물품취급 수수료

- 미국은 한국상품에 대해 물품취급 수수료(merchandise processing fee) 면제

(3) 양국 특산품 인정(제2.13조)

- 미국은 안동소주와 경주법주를 대한민국의 특산품으로 인정하고, 우리나라는 버본 위스키와 테네시 위스키를 미국의 특산품으로 인정
- 관련 법령에 따라 제조되지 아니한 경우 상대국에서 동일 명칭으로 판매하는 것을 불허

(4) 상품(공산품/임수산물) 양허

- 양국은 상품 전 품목에 대해 관세를 철폐하기로 함으로써 높은 수준의 FTA를 달성함

[표 1] 한·미 양국 상품(섬유, 농산물 포함) 양허 결과 (단위: 백만 달러, %)

양허 단계	우리나라 전체 품목				미국 전체 품목			
	품목 수	비중	수입액	비중	품목 수	비중	수입액	비중
즉시	9,003	80.0%	21,778	77.6%	8,623	82.1%	28,280	69.2%
2~3년	765	6.8%	3,362	12.0%	366	3.5%	508	1.2%
3년 이내	9,768	86.8%	25,140	89.6%	8,989	85.6%	28,788	70.4%
5년	589	5.2%	842	3.0%	756	7.2%	10,346	25.3%
5년 이내	10,357	92.0%	25,982	92.6%	9,745	92.8%	39,134	95.7%
6~7년	44	0.4%	122	0.4%	92	0.9%	31	0.1%
9~10년	667	5.9%	1,240	4.4%	586	5.6%	1,719	4.2%
10년 이내	11,068	98.3%	27,344	97.4%	10,423	99.2%	40,885	100.0%
10년 초과	161	1.4%	477	1.7%	82	0.8%	2	0.0%
계절/현행 관세	16	0.1%	213	0.8%	-	-	-	-
제외	16	0.1%	26	0.1%	-	-	-	-
합계	11,261	100.0%	28,060	100.0%	10,505	100.0%	40,887	100.0%

주) 수입액: 2003~2005 3개년 평균. 2011. 2. 추가협상 결과 반영.

[표 2] 한·미 FTA의 주요 농축산물의 시장개방 방식

양허 유형	주요 품목
양허 제외	쌀 및 쌀 관련 제품
현행관세 유지+수입쿼터	오렌지(성출하기), 식용대두, 식용감자, 탈지·전지분유, 연유, 천연꿀
계절관세	오렌지, 포도, 칩용 감자
세번 분리+장기 철폐	사과, 배
장기 철폐+세이프가드	쇠고기, 돼지고기(냉장), 고추, 마늘, 인삼, 보리, 맥주맥·맥아, 전분
15년 철폐	호두(미탈각), 밤, 잣, 감귤, 송이버섯, 표고버섯, 필터담배
12년 철폐	닭고기(냉동 가슴살, 날개), 냉동양파, 수박, 보조사료
10년 철폐	복숭아, 감, 단감, 감귤주스, 잎담배, 자두
9년 철폐	신선초본류 딸기
7년 철폐	맥주, 아이스크림, 살구, 팝콘용 옥수수
2014. 1. 1. 철폐	돼지고기(2010.12. 추가협상에서 철폐 기한 2년 연장)
6년 철폐	옥수수유, 호두(탈각)
5년 철폐	완두콩, 감자(냉동), 토마토주스, 오렌지주스(기타), 위스키, 브랜디
3년 철폐	해조류
2년 철폐	아보카도, 레몬
즉시 철폐	오렌지주스(냉동), 산 동물, 화훼류, 커피, 포도주, 밀, 사료용 옥수수, 채유용 대두, 아몬드 등

자료: 한 · 미 FTA 양허안

[표 3] 한·미 FTA에서의 공산품 양허 수준 (단위: %, 백만 달러)

	구분	총 품목	즉시 철폐	3년	5년	10년	12년
품목 수 기준	한국	7,837	7,099	525	98	115	
		(비중, %)	90.6	6.7	1.3	1.5	
	미국	6,688	5,881	347	172	271	17
		(비중, %)	87.9	5.2	2.6	4.1	0.3
수입액 기준	한국	24,528.0	19,904.9	3,236.7	335.8	1,050.6	
		(비중, %)	81.2	13.2	1.4	4.3	
	미국	37,879.5	33,049.0	2,812.4	860.3	1,155.8	2.1
		(비중, %)	87.2	7.4	2.3	3.2	0.0

(5) 승용차

- 미국의 경우, 한·미 FTA 협정 이행 1년차부터 이행 4년차까지는 기준 관세율 2.5%를 적용하다가, 이행 5년차 1월 1일에 관세를 완전히 철폐

☞ 한·미 FTA가 2012. 3. 15.에 발효하였으므로, 미국은 한국이 원산지인 승용차에 대하여 동 협정 이행 4년차인 2015. 12. 31.까지 기준관세율 2.5%를 유지하고 이행 5년차인 2016. 1. 1.부터 관세를 완전히 철폐

- 우리나라의 경우, 한·미 FTA 협정이 발효되는 날 현행 기준관세율 8%를 4%로 인하하여 이행 4년차까지 동 관세율을 적용하다가, 이행 5년차 1월 1일에 관세를 완전히 철폐

☞ 한·미 FTA 협정이 2012. 3. 15.에 발효하였으므로, 한국은 미국이 원산지인 승용차에 대하여 2012. 3. 15.부로 기준관세율 8%를 4%로 인하하여, 동 협정 이행 4년차인 2015. 12. 31.까지 4%를 유지한 후, 이행 5년차인 2016. 1. 1.부터 관세를 완전히 철폐

(6) 전기자동차

- 미국의 경우, 한국 원산지 전기자동차(HS 870390)에 대한 관세 2.5%를 5단계에 걸쳐 매년 균등하게 철폐하여, 한·미 FTA 이행 5년차 1월 1일부터 관세를 완전히 철폐(당초 9년간 철폐에서 4년간 철폐로 단축)

☞ 한·미 FTA 협정이 2012. 3. 15.에 발효하였으므로, 미국은 한국이 원산지인 전기자동차에 대하여 2012년부터 5단계에 걸쳐 매년 0.5%씩 관세를 인하하여 한·미 FTA 이행 5년차인 2016. 1. 1.부터 관세를 완전히 철폐

- 우리나라의 경우, 한·미 FTA 발효일에 미국 원산지 전기자동차에 대한 관세를 현행 8%에서 4%로 인하하고, 한·미 FTA 이행 2년차 1월 1일부터 4단계에 걸쳐 매년 균등하게 철폐하다가 이행 5년차 1월

1일부터 관세를 완전히 철폐(당초 9년간 철폐에서 4년간 철폐로 단축)

☞ 한·미 FTA 협정이 2012. 3. 15.에 발효하였으므로, 우리나라는 미국이 원산지인 전기자동차에 대하여 2012년에 4%의 관세를 적용하고 2013. 1. 1.부터 4단계에 걸쳐 매년 1%씩 관세를 인하하여 한·미 FTA 이행 5년차인 2016. 1. 1.부터 관세를 완전히 철폐

(7) 화물자동차

- 미국의 경우, 우리나라를 원산지로 하는 화물자동차에 대하여 한·미 FTA 협정 이행 1년차부터 이행 7년차까지는 미국의 현행 기준관세율 25%를 유지한 후, 이행 8년차 1월 1일부터 3단계에 걸쳐 매년 균등하게 철폐하여, 이행 10년차 1월 1일부터 관세를 완전히 철폐

☞ 한·미 FTA 협정이 2012. 3. 15.에 발효하였으므로, 미국은 한국이 원산지인 화물자동차에 대하여 2012. 3. 15.부터 2018. 12. 31.까지는 25%의 관세를 유지하다가 2019. 1. 1.부터 3단계에 걸쳐 매년 8.33%씩 관세를 인하하여 2021. 1. 1.부터 관세를 완전히 철폐

- 미국 자동차 시장은 우리의 8.7배 규모: (한국) 147만 대 vs. (미국) 1,274만 대
- 대미수출은 수입의 42배 규모: (수출) 58.8만 대 vs. (수입) 1.4만 대
- 반면, 우리 자동차 관세는 미국의 3배 이상: (한국) 8% vs. (미국) 2.5%

※ 추가협상 결과 이후에도, 발효 후 4년간 우리는 4%, 미국은 2.5% 유지

- 또한, 우리 자동차의 미국 내 시장점유율은 10%에 육박

3. 농업부문의 협정 내용

(1) 관세율할당(TRQ: Tariff Rate Quota): 일정 물량까지는 무관세로 들어오도록 하고, 그 물량을 초과하는 수입량에 대해서는 보다 높은 관세율을

부과하는 제도

- 우리 측은 탈·전지분유 및 연유, 오렌지 등 19개 품목 대상
- 미국 측은 낙농품 대상

※ 대상품목(19개 품목): 넙치류, 명태, 민어, 탈·전지분유 및 연유, 식용 유장, 버터, 치즈, 천연꿀, 감자(칩용 및 종자용 외), 오렌지, 보리(맥주맥 및 시리얼용 외), 맥아 및 맥주맥, 옥수수 전분, 식용 대두, 사료용 근채류, 인삼, 조제분유, 보조사료, 덱스트린

※ 미국 측 대상품목: 낙농품

(2) 협정 부록 2-나-1에 규정된 품목들(19개 품목)의 TRQ 관리방식으로 우리 측은 선착순·수입권 공매·허가제도를 통한 수입권 배분 등 다양한 관리 방식 도입(미국 측은 선착순 방식 도입)

(3) 농업 긴급수입제한조치(제3.3조, 부속서 3-가): 쇠고기, 돼지고기, 인삼 등 30개 품목에 대해 수입이 일정 물량 이상으로 급증하는 경우, 관세를 추가 부과하여 국내시장을 보호

※ 대상품목(30개 품목): 쇠고기, 돼지고기, 양파, 마늘, 고추, 콩류, 고구마, 기타 뿌리 및 괴경류, 사과, 녹차, 생강, 맥아 및 맥주맥, 보리, 팝콘, 옥수수(기타), 메밀, 곡류·곡물의 분쇄물·가공곡물, 감자의 분·조분·분말 등, 옥수수 전분, 감자 전분, 매니옥 전분, 고구마 전분, 기타 전분, 낙화생, 참깨, 인삼, 참기름, 설탕, 주정, 덱스트린

4. 품목별 원산지 기준(부속서 4-가)

〈일반 사항〉

(1) 섬유·의류 상품은 다음 두 가지 경우 원산지 상품으로 인정

① 역내 원산지 재료만으로 당사국 영역에서 전적으로 생산하는 경우

② 비원산지 재료 사용 시 제4장(섬유 및 의류) 부속서 4-가의 품목별 원산지 기준을 충족하는 경우

(2) 제4장(섬유 및 의류)에 규정되지 않은 사항은 제6장(원산지 규정 및 원산지 절차)의 규정을 적용

(3) 원사기준의 채택

- 섬유 및 의류 상품에 대한 품목별 원산지 기준으로서 원칙적으로 원사기준(yarn-forward rule) 채택
- 원사기준에 따르면, 협정 당사국이 원산지인 '실'을 사용하여 직물을 제직 또는 편직하고 섬유 완제품을 재단·봉제해야 원산지 상품으로 인정
- 품목에 따라 세번변경기준, 원사기준, 주요 공정기준을 각각 적용함

(4) 원사기준의 예외

- 원사기준을 채택하고 있지 않은 직물 및 의류 제품
- 견직물(5007), 리넨직물(5311), 합섬 여성재킷(6104.33, 6104.39) 및 합섬 남성셔츠(6205.30) 등의 품목에는 원사기준이 적용되지 않음
- 해당 제품 생산 시 비역내산 '실'을 사용하여도 원산지 상품으로 인정 가능

(5) 섬유 비역내산 원사 사용이 가능한 경우

- 견사(5006), 비스코스 레이온사(5403.10, 5403.31, 5403.32, 5403.41) 등 원사의 경우, 섬유 완제품 생산에 투입 시 비역내산을 사용해도 원산지 인정

(6) 원산지 판정 일반 기준(제4.2조 제7항 및 제8항)

① 최소허용수준

- 섬유 비원산지 재료의 중량이 상품의 총 중량의 7퍼센트 이하일 경우 원산지 상품으로 간주
- 단, 탄성사는 한 당사국 영역에서 완전히 형성되고 마무리된 것을 사용해야 원산지 상품으로 인정

② 세트의 취급

- 섬유 세트를 구성하는 비원산지 상품의 총 가치가 세트의 관세 가격의 10퍼센트 이하일 경우 원산지 상품으로 간주

(7) 공급부족재료의 역외조달 허용(부속서 4-나)

- 섬유·의류 제품 생산 시 공급부족재료 목록에 등재된 섬유원료·원사·원단은 역외산을 사용하여도 최종 제품을 원산지 상품으로 간주(부속서 4-가의 제11부의 규칙2와 규칙3)
- 상업적인 물량으로 이용 가능하지 아니한 섬유원료·원사·원단(공급부족재료)에 대해서는 원사기준에도 불구하고 역외산의 경우에도 원산지를 인정

(8) 공급부족재료 목록 등재 및 효과

- 이해관계자의 요청이 있을 시, 수입국이 상업적인 물량으로 시의적절하게 공급되지 않는다고 결정하거나, 이 요청에 대해 이해관계자가 이의를 제기하지 않는 경우, 수입국은 그 섬유원료·원사·원단을 자국의 공급부족재료 목록에 등재

※ 이해관계자: 당사국 정부, 섬유 또는 의류 구매·공급자 또는 그 잠재적 구매·공급자, 법률적 대리인

(9) 역외조달 가능 물량

- 방직용 섬유제품(제51·52·54·55·58·60류): 매년 1억 SME
- 의류제품(제61·62류): 매년 1억 SME

- 수출국의 생산자 등이 우회수출 등 불법행위 적발 시, 수입국은 상기 1억 SME의 물량에서 불법행위 연루 물량의 3배까지 공제 가능
  ※ SME(Square Meter Equivalent, 제곱미터 상당): 섬유·의류 제품의 계산단위를 제곱미터로 환산한 것

5. 연례 정보 제공

- 대미 수출 섬유·의류 상품 및 원료 생산기업의 원산지 확인 관련 정보를 미국 측에 매년 제공
- 정보 제공 주체는 지식경제부이며, 업계단체 등으로부터 정보를 수집하여 제공 가능(다만, 정보의 정확성 검증을 위해 조치 필요)
  ※ 제공 대상 정보: ① 성명(명칭) 및 주소(소유운영 설비 소재지 포함), ② 전화번호 및 e-mail 주소, ③ 소유경영진의 성명, 국적, 직위, ④ 근로자수 및 업무, ⑤ 생산제품에 대한 설명 및 생산능력, ⑥ 보유설비 현황, ⑦ 주당 설비가동시간, ⑧ 원료공급처, ⑨ 미국 내 고객 정보

6. 비밀유지

- 비밀로 지정된 제공 정보에 대해서 협정 제7.6조상 비밀유지 의무
  ※ 협정 제7.6조상 비밀유지 의무: 정보제공자의 명시적 허락 없이는 정보가 공개되지 않을 것임을 서면으로 보장하고, 이를 보장하지 않는 경우 정보 공개 거부 가능

7. 원산지 검증(제4.3조)

(1) 간접검증 원칙

- 섬유·의류 제품의 원산지 검증방식으로 수입국 정부의 요청에 의한 수출국 정부의 원산지 검증(이른바 간접검증)을 규정

※ 직접검증의 경우 수출국에서 수입국이 직접 검증 수행

(2) 수출국 정부는 수입국 정부 요청 시 다음에 대한 원산지 검증 수행 - 섬유·의류 상품의 원산지 신청이 정확한지에 대한 검증(특혜관세 신청 여부와 무관)

- 합리적 의심이 있는 경우, 섬유·의류 무역에 관한 불법행위가 존재하는지에 대한 검증

(3) 현장 방문

- 수입국 정부는 수출국 정부에 의한 원산지 간접검증을 지원할 수 있으며, 검증 지원의 한 형태로 '공동 현장 방문' 가능
- 공동 현장 방문은 사전 통보 없이 수행되나, 실사 대상자의 현장 동의를 요하며 동의를 구하지 못하는 경우 실사 진행 불가
- 다만, 실사 대상자의 실사 거부로 검증을 완료하지 못한 경우 수입국 정부는 국내법에 따라 적절한 조치 가능(특혜관세 거부 등)
- 당사국은 환적된 섬유·의류 제품에 대한 조사요청이 있을 시 조사를 위하여 노력. 당사국의 원산지 상품이라는 신청과 무관한 단순 환적물품인 경우, 수출국은 수입국에 대하여 정보공유 이상의 협력의무 없음

8. 원산지 규정 및 원산지 절차: 부록 III-1 참조

9. 개성공단 관련 합의 내용(부속서 22-나)

- 개성공단 제품이 한국산과 동일한 특혜관세를 부여받을 수 있는 구체적인 제도적 틀을 마련
- 양국간 "한반도역외가공지역위원회(Committee on Outward Processing Zones on the Korean Peninsula)"에서 일정 기준하에 역외가공지역(OPZ: Outward Processing Zone)을 지정할 수 있는 별도 부속서를 채택
  ※ OPZ 지정기준(예시): ① 한반도 비핵화 진전, ② 역외가공지역이 남북관계에 미치는 영향, ③ 역외가공지역 내 일반적인 환경 기준, 노동 기준·관행, 임금 관행, 영업 및 경영 관행(단, 북한 지역의 일반적인 상황 및 관련 국제 규범을 참조)
- 한반도역외가공지역위원회에서 위원회가 수립한 기준을 충족하는지 여부, OPZ에서 추가될 수 있는 총투입가치의 최대한도 등을 결정하도록 규정

참고: 한반도역외가공지역위원회 개요

- 구성 및 운영: 양국 공무원으로 구성, 협정 발효 후 1주년에 개최
  (매년 1회 개최 또는 양국 합의 시 수시 개최 가능)
- 기능
  : 한반도 상황이 OPZ 설립 및 개발에 적절한지 검토
  : OPZ가 될 수 있는 지리적 구역들을 확인
  : OPZ 지정기준 수립
  : 동 지리적 구역들의 OPZ 지정기준 충족 여부 판정
  : OPZ의 생산품이 특혜관세를 받기 위해 OPZ에서 추가될 수 있는 총투입가치의 최대 한도를 설정

10. 관세행정 및 무역원활화 규정

(1) 효율적인 물품반출을 통한 양국간 무역원활화를 위해 간소화된 통관절차를 채택하도록 규정

- 간소화된 통관 절차란 가능한 한도에서 상품 도착 후 48시간 내 반출, 상품 도착 전 사전신고, 부두 직통관 및 최종세액결정 전 화물반출 승인 등을 의미

(2) 특송화물의 통관서류 최소화, 단일 적하목록 제출 허용 등 통관절차를 대폭 간소화하고, 원칙적으로 통관서류 제출 후 4시간 이내에 국내반출 허용

11. 원산지 등 사전심사결정(제7.10조)

(1) 수출자, 생산자, 수입자 요청 시, 상품 수입 전에 세관당국을 통하여 다음에 대한 사전심사(advance ruling) 결정서 발급

: ① 품목분류, ② 관세평가기준, ③ 관세환급 관련 사항, ④ 원산지 상품 여부, ⑤ 재반입상품 무관세 자격 여부, ⑥ 원산지 표시, ⑦ 쿼터 및 TRQ 적용 여부, ⑧ 기타 양국이 동의하는 사항

- 세관당국은 원칙적으로 사전심사 요청 접수로부터 90일 이내에 판정 결과를 발급하고, 사전심사결정 발급을 거부하는 경우, 그 결정에 관한 사실 및 근거를 적시하여 신청인에게 서면으로 신속히 통보함

12. 과세자료 비밀유지(제7.6조)

- 정보를 제공하는 당사국이 그 정보를 비밀로 지정하는 경우, 다른 쪽 당사국

은 그 정보를 비밀로 유지토록 함

- 법률집행 또는 사법절차상의 것을 제외하고는 제출자의 동의 없이 공개할 수 없도록 규정
- 수출입업체 또는 상대국이 제출한 원산지증빙서류 등 기업기밀 서류는 비밀 유지를 의무화함

13. 자동차 관련 협정

(1) 배기량 기준 조세(제2.12조)

- 개별소비세(차량가격기준×세율 부과): 적용 단계를 3단계에서 배기량 1,000cc 기준의 2단계로 개편

  ※ "특별소비세"에서"개별소비세"로 명칭 변경(2008. 1. 1.)
- 발효 전: 800cc 이하 면제, 801~2,000cc 5%, 2,000cc 초과 10%
- 발효 후: 1,000cc 이하 면제, 1,001~2,000cc 5%, 2,000cc 초과는 발효 시 8% → 발효 3년 후 5%로 인하

(2) 환경기준(부속서한 '구체적 자동차 규제문제')

- 우리 대기환경보전법 시행규칙상의 초저배출차량기준(K-ULEV) 적용에 관한 합의를 협정에 반영

  ※ K-ULEV: Korea-Ultra Low Emissions Vehicle
- 대한민국 내 제작사별 자동차 판매량 및 총 판매차량의 배출가스(NMOG) 평균 배출량을 계산하기 위해 캘리포니아 규정집(California LEV II Regulations, Cal. Code Regs. tit. 13,§1961) 및 그 적용 방법을 사용

  : 4,500대 이하는 LEV 기준, 4,501대~1만 대는 LEV/ULEV 기준, 1만

대 초과는 ULEV 기준을 평균 배출량 기준으로 적용

※ 평균 배출량 제도(FAS: Fleet Average System)

- 제작사에게 다양한 배출허용기준(캘리포니아의 배출가스 기준인 LEV, ULEV, SULEV)을 허용하여 유연성을 부여하되, 제작사는 전체 자사 판매차량의 배출량 평균이 평균 배출량 기준을 충족해야 함
- 휘발유 동력 차량에 대해서만 초저배출차량기준(K-ULEV) 적용

(3) 안전기준(부속서한 '구체적 자동차 규제문제')

- 전년도에 한국에 25,000대 이하로 미국 원산지 차량을 판매한 제작사가 생산한 미국 원산지 자동차는, 그 제작사가 미 연방 자동차 안전기준을 준수한다고 인정하는 경우, 우리 안전기준을 준수한 것으로 간주
- 단, 상용차(맞춤형이 아닌 4.5톤 이하의 픽업트럭 제외)는 위와 별도로 최대길이, 중량 등 협정문에 규정된 16개 안전기준을 만족시켜야 함
- 다만, 우리 국민의 건강, 안전, 그리고 환경에 중대한 위험을 초래할 경우, 위에도 불구하고 필요한 조치를 취할 수 있음
- 25,000대 초과의 경우에는 양국간 협의하여 결정
- 우리 자동차 안전기준의 자기인증 관련 규정 제정 또는 개정 시 수입 자동차에 대해서는 상기 규정 발표 후 최소 2년간 적용 유예

(4) 자동차 긴급수입제한조치(추가협상 서한교환 제4절)

- 양국은 자동차 품목(HS 8703 또는 8704: 승용차 및 화물자동차)에 대해서만 적용 가능한 자동차 긴급수입제한조치를 도입
- 한·EU FTA 일반 긴급수입제한조치에서 아래 6가지 요소를 차용함 : ① 발동 기간은 최대 4년, ② 발동 횟수 미제한, ③ 잠정조치 절차 요건 간소화, ④ 점진적 자유화의무 미규정, ⑤ 2년간 보복금지, ⑥ 관세철폐 종료 후 10년간 적용 가능

14. 무역구제

〈긴급수입제한조치의 적용, 조건 및 제한(제10.1조 및 제10.2조)〉

(1) 긴급수입제한조치 발동 요건

① 한·미 FTA로 인한 관세 인하 또는 철폐의 결과로서

② 타방 당사국으로부터의 원산지 상품 수입의 절대적 또는 상대적 급증이

③ 동종 또는 직접 경쟁 상품을 생산하는 국내 산업에 대한 심각한 피해 또는 그러한 우려를 야기하는 실질적인 원인일 경우

(2) 조치 내용

① 관세 감축의 정지 또는

② MFN 실행관세율까지 관세율 인상

- 조치 발동 시점의 MFN 실행관세율과 협정 발효일 직전의 MFN 실행관세율 중 낮은 것을 넘지 않는 수준까지 관세율 인상

(3) 조치 기간

- 원칙적으로 2년 이하, 필요 시 1년 연장 가능(총 3년 이하)

(4) 제도존속 기간

- 협정 발효 후 10년
- 관세철폐 기간이 10년 이상인 품목은 관세철폐 기간까지

(5) 기타 사항

- 동일한 상품에 대해 재발동 금지
- 예상 조치 기간이 1년을 넘는 경우 점진적 자유화 실시

(6) 무역구제위원회 설치(제10.8조)

- 양국은 무역구제위원회를 설치, 반덤핑, 보조금 및 상계 조치와 긴급수입제한조치 문제를 포함한 무역구제 사안을 다루기로 함

15. 투자자유화

(1) 내국민대우(NT: National Treatment) (제11.3조)

- 외국투자자에 대해 동종 상황(like circumstances)하에서 내국민과 동등한 대우를 부여할 의무를 말하며, 사실상(de facto)의 차별도 금지
- 연방제를 취하고 있는 미국은 FTA 체결에 있어 내국민대우로서 내주민대우(in-state treatment) 또는 타주민대우(out-of-state treatment)를 제공하고 있는데, 한·미 FTA에서는 내주민대우를 제공하는 것으로 합의

  ※ 내주민대우는 특정 주(A주) 내에서 FTA 체결상대국 투자자에게 A주 주민과 동등한 대우를 제공하는 것을 의미하며, 타주민대우는 특정 주(A주) 내에서 FTA 체결상대국 투자자에게 A주 주민과 동등한 대우는 아니나, 다른 주(B주) 주민에게 제공하는 것과 동등한 대우를 제공하는 것을 의미하는 것으로서 내주민대우가 타주민대우보다 더 우월한 대우임

- 미국은 대부분의 FTA(미·칠레, 미·싱가포르 FTA 등)에서는 내주민대우를 인정하나, 일부 협정(미·오만 FTA)에서는 타주민대우만 인정

(2) 최혜국대우(MFN: Most-Favored-Nation treatment) (제11.4조)

- 최혜국대우는 동종 상황(like circumstances)하에서 다른 협정에 대해 이 협정보다 유리한 혜택을 부여하는 경우 이 협정의 당사국에게도 자동적으로 그러한 추가적 혜택이 부여된다는 것을 의미
- 한·미 FTA에서 양국은 한·미 FTA 발효 이후 서명되는 협정에 대해 MFN 대우를 부여하기로 합의
- 단, 일부 분야는 미래에 체결하는 협정에 의한 MFN 대우도 제외

: 우리 측은 ① 항공, ② 수산, ③ 해운, ④ 위성방송, ⑤ 철도, ⑥ 시청각 공동제작협정 등에 대한 MFN 대우를 배제

: 미국 측은 ① 항공, ② 수산, ③ 해운, ④ 위성방송에 대한 MFN 대우를 배제

※ 상기와 같이 일부 분야에 대해 MFN 대우를 배제함과 동시에 그 외 분야에서도 MFN 대우가 배제되는 특정 조치에 대해서는 개별적으로 유보에 명시

(3) 최소기준대우(Minimum Standard of Treatment) (제11.5조)

- 외국인 투자에 대하여 국제관습법(customary international law)상 인정되는 공정하고 공평한 대우 및 충분한 보호와 안전을 보장하는 것으로서, 일반적으로 적법절차(due process of law)의 원칙과 국제관습법에 따라 요구되는 수준의 경찰보호를 의미

(4) 수용 및 보상(Expropriation and Compensation) (제11.6조)

- 정부는 ① 공공목적을 위해 ② 비차별적인 방법으로 ③ 신속하고 적절하며 효과적인 보상을 ④ 적법절차와 협정상 최소대우기준에 따라서 투자자의 재산을 수용 및 국유화할 수 있으나,
- 보상은 지체없이 지불하되, 수용 직전의 공정한 시장가격(fair market value)과 동등한 수준으로 보상할 것을 규정
- 또한 명의의 공식적 이전 또는 명백한 몰수 없이도 당사국의 행위 또는 일련의 행위가 직접수용과 동등한 정도로(equivalent) 재산권을 침해하는 간접수용에 대해서도 정당한 보상을 제공할 것을 규정
- "간접수용"이란 직접수용처럼 정부가 외국인 투자자의 재산권을 박탈, 국유화하는 것은 아니나, 특정 정부 조치로 인하여 투자자가 사실상 영업을 할 수 없게 되어 투자의 가치가 직접수용과 동등한 정도로 박탈

되는 경우를 의미

- 간접수용에 대한 보상은 한·EU FTA를 제외한 우리가 체결한 모든 FTA 및 대부분의 투자보장협정을 포함한 전 세계 투자협정에 일반적으로 포함

(5) 송금(Transfer) 보장(제11.7조)

- 출자금, 이윤, 자본이득, 배당, 이자, 로열티 등을 자유롭게, 그리고 지체 없이 송금할 수 있도록 허용할 것을 규정
- 다음 사항에 대해서는 예외 인정

  ① 파산, 지급불능 또는 채권자의 권리 보호, ② 유가증권·선물·옵션 또는 파생상품의 발행, 거래 및 취급, ③ 법 집행이나 금융규제당국을 지원하기 위해 필요한 때, ④ 형사범죄, ⑤ 사법 또는 행정절차에서의 명령이나 판결의 준수를 보장

(6) 송금 보장 조항의 예외로서 외환위기 시 자본거래 통제 등 단기세이프가드 조치를 인정하고, 이를 송금부속서에 규정. 이행요건(PR: Performance Requirements) 부과금지(제11.8조)

- 일정 수준 또는 일정 비율의 상품 또는 서비스수출 및 국내재료 사용 달성, 국내상품 사용, 수출과 수입 간의 연계, 수출과 판매 간의 연계, 기술이전, 특정지역으로의 독점공급 등 7가지
- 단, 일정 수준의 수출 의무와 기술이전 의무는 인센티브를 부과하는 경우에는 부과 가능
- 그 외 일정 비율 내국인 고용, 장애인 의무고용, 연구개발 수행 등 다른 이행요건은 모두 부과 가능
- 또한 상기 금지된 이행요건도 ① 환경보호, 보건, 안전 등 공공정책적 목적의 경우 또는 ② 유보(부속서)에 기재한 경우 부과 가능

(7) 고위경영진 및 이사회(SMBD: Senior Management and Boards of Directors) 국적제한 금지 요건(제11.9조)

- 외국투자기업의 고위경영진 임명에 국적요건을 부과하는 것을 금지
- 외국투자기업의 이사회 또는 동 이사회 산하 위원회 구성원의 과반수에 대한 국적요건은 부과 가능
- 단, 그러한 요건이 외국인 투자자의 해당 투자기업에 대한 영향력 행사를 실질적으로 침해(materially impair the ability)해서는 안 됨

16. 투자자-국가 간 분쟁해결절차(ISD)

(1) 투자자-국가 간 분쟁해결절차 개요

- 투자자-국가 간 분쟁해결절차는 투자유치국 정부가 협정 제11장 Section A(투자)상의 의무, 투자계약 또는 투자인가를 위배하여 투자자에게 손실이 발생하는 경우, 투자자가 투자유치국 정부를 상대로 국제중재를 요청할 수 있도록 규정

(2) 국제중재는 3인으로 구성된 중재판정부(Tribunal)에서 심리

- 투자자와 정부가 각각 1인을 지명하고 의장중재인을 선임하되, 중재제기 후 75일 이내에 중재판정부가 구성되지 않는 경우 ICSID 사무총장은 당사자간에 합의하지 않는 한 제3국 국적을 가진 자를 의장중재인으로 선임
- 중재절차는 다음 절차 중 하나를 원용함
  ① ICSID(International Center for the Settlement of Investment Disputes, 국제투자분쟁 해결센터): World Bank 산하 기구로서 회원국에게 투자자-국가 간 분쟁해결절차를 제공

② UNCITRAL(United Nations Commission on International Trade Law, 유엔국제무역법위원회): 국제무역법 제정을 위한 UN 산하 전문위원회로서 국제중재절차 및 규칙을 규정

③ 기타 합의할 수 있는 중재절차: ICC(International Chamber of Commerce, 국제상업회의소) 등 제3의 절차에 양자가 합의하는 경우

(3) 국제중재판정의 효력

- 중재판정은 단심제로서 확정력을 가짐(binding and final)
- 중재판정은 금전적 손해와 적용 가능한 이윤 및 재산권의 복구만으로 한정되며, 당사국의 해당 조치를 취소하도록 할 수 없음
- 징벌적 손해배상(punitive damages) 명령은 불가

17. 국경간 서비스무역

(1) 사행성 게임을 포함한 도박서비스, 금융서비스, 항공운송서비스, 정부조달·정부보조금·정부제공서비스 등을 제외한 모든 서비스분야에 적용

※ 도박서비스 관련 예외는 부속서한에 명시

※ 금융서비스 및 정부조달은 별도 chapter에서 논의

(2) 내국민대우(NT: National Treatment) (제12.2조)

- 동종의 상황에서 자국의 서비스 공급자에게 부여하는 것보다 불리하지 않은 대우를 상대국 서비스 공급자에게 부여

(3) 최혜국대우(MFN: Most Favored Nation treatment) (제12.3조)

- 동종의 상황에서 제3국의 서비스 공급자에게 부여하는 것보다 불리하지 않은 대우를 상대국 서비스 공급자에게 부여

(4) 시장접근(MA: Market Access) 제한 조치 도입 금지(제12.4조)

- 서비스 공급자의 수 제한, 서비스 거래 또는 자산의 총액 제한, 서비스 영업의 총수 또는 서비스 총 산출량의 제한, 고용인의 총수 제한 및 사업자의 법적 형태(법인, 합작투자 등)를 제한하는 규제 도입 금지

(5) 현지주재(LP: Local Presence) 의무 부과 금지(제12.5조)

- 국경간 서비스 공급의 조건으로 국내 사무실 구비 혹은 거주를 요구하는 것을 금지

☞ 상기 일반적 의무에도 불구하고 상기 의무에 부합하지 않는 규제를 유지 또는 도입하고자 하는 경우 유보목록에 명시

※ 한·미 FTA의 서비스분야 중 현재유보(Annex I) 또는 미래유보(Annex II)에 기재되지 않은 분야는 상기 4대 의무가 적용되는 것으로 간주됨(Negative 방식)

(6) 자격상호인정(제12.9조)

- 특정 국가 또는 비당사국에서 습득한 교육이나 경험, 자격·면허를 인정할 수 있으며, 당사국에게는 이와 같은 상호인정을 위한 기회를 부여할 의무와 자격상호인정 현황에 대한 정보 교환의 의무를 규정

(7) 지불 및 송금의 자유(제12.10조)

- 국경간 서비스 공급에 관한 모든 송금과 지불이 국내외로 자유롭게 이루어지도록 허용

(8) 전문직 서비스 진출 확대를 위한 체계 구축(부속서12-가)

- 인정(Recognition) 조항 관련 부속 문서(부속서 12-가)를 통해 "전문직 서비스 작업반"(Professional Services Working Group)을 구성, 양국이 상호 합의한 분야를 중심으로 전문직 자격 상호인정협정(Mutual Recognition Agreement) 논의를 추진하기로 합의

※ 동 작업반은 협정 발효 후 2년 이내에 MRA 논의 추진현황을 한·미

FTA의 전반적인 운영을 총괄하는 공동위원회(Joint Committee)에 보고할 의무가 있음

※ 우선 엔지니어링, 건축, 수의(獸醫) 등 3개 서비스 분야를 중심으로 협정 발효 1년 이내에 논의를 개시하기로 함

18. 금융서비스

(1) 자유화 대상(제13장 적용) 금융서비스의 요건(제13.1조 제1항)

- 상대국의 금융기관
- 자국의 금융기관에 대한 상대국 투자자 및 그 투자
- 국경간 금융서비스무역에 대한 당사국의 조치

(2) 제13장(금융서비스 자유화) 적용 배제 사항(제13.1조 제3항)

- 공적퇴직연금제도(예: 우리나라의 국민연금제도) 및 법정사회보장제도(예: 우리나라 국민건강보험제도)의 일환으로 이루어지는 서비스
- 중앙은행(예: 우리나라의 한국은행), 통화관련 국가기관(예: 우리나라의 기획재정부) 및 국가에 의해 소유 또는 통제되는 금융기관

(3) 내국민대우(NT: National Treatment, 제13.2조)

- 금융기관, 그에 대한 투자, 국경간 금융서비스 공급자에게 '동종의 상황'에서 자국의 금융기관, 그에 대한 투자, 금융서비스 공급자보다 불리하지 않은 대우를 부여

(4) 최혜국대우(MFN: Most Favored Nation treatment, 제13.3조)

- '동종의 상황'에서 비당사국의 투자자, 금융기관, 그에 대한 투자, 국경간 금융서비스 공급자보다 불리하지 않은 대우를 다른 쪽 당사국의 투자자, 금융기관, 그에 대한 투자, 국경간 금융서비스 공급자에게 부여

(5) 시장접근(MA: Market Access, 제13.4조) 제한 조치 도입 금지

- 다른 쪽 당사국의 금융기관 또는 투자자에 대하여 지역적 소구분에 기초하거나 자국의 전 영역에 기초하여,

  ㉮ 다음에 대한 제한을 부과하는 조치 금지

    ① 금융기관의 수

    ② 금융서비스 거래·자산의 총액

    ③ 금융서비스 영업의 총수 또는 총 산출량

    ④ 자연인의 총수

  ㉯ 금융기관이 서비스를 공급할 수 있는 특정 유형의 법적 실체·합작투자를 제한하거나 요구하는 것을 금지

(6) 고위 경영진 및 이사회(Senior Management and Board of Directors)

  ① 고위경영자 또는 그 밖의 핵심 직원의 국적 제한

  ② 이사회 총원의 절반 이상에 대한 국적·자국 거주 요건의 부과 금지

(7) 신금융서비스(제13.6조 및 제13장 서한 '신금융서비스')

〈허용 요건〉

- 신금융서비스는 다음의 조건이 충족될 경우에만 타방 당사국의 금융기관이 공급 가능(제13장 서한 신금융서비스)

  ① 당사국이 동종의 상황에서 자국의 금융기관이 공급하는 것을 허용할 수 있을 것

  ② 추가적 입법행위 없이 신금융서비스가 당사국 국내법상 허용될 것

  ③ 해당 상대국의 금융기관이 당사국에 상업적으로 주재할 것

  ※ 신금융서비스란 상대국에서는 허용·거래되고 있으나, 아직 자국에는 존재하지 않는 금융서비스나 금융상품을 의미

〈적용 배제 사항〉

- 국경간 금융서비스무역 또는 당사국이 동종의 상황에서 자국 금융기관에 대하여도 공급을 허용하지 아니하였을 모든 신금융서비스에 대해서는 적용 배제

19. 기타 협정 사항

이 외에도 한·미 FTA에서는 정부조달, 지적재산권, 통신, 전자상거래, 경쟁, 노동, 환경, 투명성, 제도, 규정 및 분쟁해결 등의 내용을 포함하고 있으며, 이에 대한 자세한 내용은 한·미 FTA 협정문(www.fta.go.kr)을 참조하기 바람

Ⅲ-1 | 한·미 FTA 원산지 규정

1. 한·미 FTA 원산지 챕터의 구조

- 완전생산기준, 직접운송원칙 등 FTA 특혜원산지 판정의 일반기준은 협정문에서, 개별 품목에 대한 "품목별 원산지 기준"(PSR: Product Specific Rules of Origin)은 부속서에서 규정함
- 부속서의 품목별 원산지 기준(PSR)은 5,000여 개(HS 6단위 기준)에 이르는 개별 품목의 생산과정, 교역패턴, 글로벌 아웃소싱 환경을 고려하여 원산지 기준을 정함

2. 특혜 원산지 결정 기준(제6.1조 및 제6.22조)

(1) 완전 생산기준(wholly obtained or produced) (제6.1조 가호 및 다호)

* 전적으로 당사국 영역에서 완전히 획득되거나 생산된 제품의 경우, 원산지 상품으로 인정
* 아래 물품에 대해서는 완전생산기준을 적용(제6.22조)
  - 양국의 영역에서 재배되고 수확된 식물
  - 양국의 영역에서 나고 자란 동물
  - 양국의 영역에서 동물로부터 획득한 상품
  - 양국의 영역에서 어로행위, 양식 등을 통하여 획득한 상품

- 양국의 영역에서 채취한 광물 및 천연 자원
- 당사국에 등록되거나 등기되고 그 국가의 국기를 게양한 선박에 의하여 양국의 영역 밖의 바다, 해저 및 해저토양에서 잡히거나 채취된 어류, 패류와 그 밖의 해양생물
- 우주공간에서 채취되어 양국의 영역에서 가공된 상품
- 양국의 영역에서 중고 제품으로부터 파생되고 양국의 영역에서 재제조 상품의 생산에 사용된 재생제품(recovered goods)

(2) 세번변경기준 및 부가가치기준(제6.1조 나호)

＊품목별 특성에 따라 세번변경기준, 부가가치기준이 적용됨

- 세번변경기준: 비원산지 재료를 사용하여 상품을 생산한 결과, 부속서 4-가 또는 부속서 6-가의 세번 변경을 거친 경우 원산지 상품으로 인정
- 부가가치기준: 생산 과정에서 부속서 4-가 또는 부속서 6-가의 역내가치 포함 비율 충족 시 원산지 상품으로 인정

(3) 완전공정기준(produced entirely) (제6.1조 다호)

＊원산지 재료로만 전적으로 당사국 영역에서 생산된 경우

3. 부가가치기준 및 세번변경기준 판정방법(제6.2조, 제6.3조, 제6.6조)

(1) 역내 부가가치 계산방법(제6.2조)

＊원산지 판정에 필요한 부가가치기준을 계산할 때 생산자인 기업이 공제법과 집적법을 선택적으로 사용할 수 있도록 함

＊단, 자동차 및 자동차 부품에는 집적법/공제법과 순원가법을 기업이 선택적으로 사용할 수 있도록 규정함

(2) 세번변경기준 관련 최소허용수준(미소기준: de minimis) (제6.6조)

* 비원산지 재료(non-originating material)가 해당 품목의 세번변경기준을 충족하지 못하더라도, 모든 비원산지 재료가치가 제품의 조정가치의 10% 미만으로 사용된 경우에는 원산지 상품으로 인정(미소기준은 원산지기준 판정의 효율성을 위해 대부분 FTA에 반영되어 있음)
* 단, 일부 농수산물에 대하여는 미소기준을 적용하지 않기로 합의하고 이를 부속서 6-나에 규정함
* 미소기준 적용 제외 품목: 어류, 낙농제품, 채소류, 쌀제품, 감귤, 쥬스류, 복숭아, 배, 살구, 동식물성 유지, 설탕

(3) 부가가치기준 및 세번변경기준의 "재료가치"(제6.3조)

* 수입 재료의 재료가치: 재료의 조정가치

  ※ 조정가치: "WTO 관세평가협정 및 주해"에 따라 결정된 가치로서, 제품가치에서 수출국으로부터 수입지까지 제품의 국제수송에 수반되는 운송, 보험 및 관련 서비스에 대하여 발생한 모든 비용·부과금 및 경비를 제외한 가치를 말함
* 국내 구입 재료의 재료가치: WTO 관세평가협정 및 주해 관련 규정에 따라 수입상품에 대한 것과 같은 방식으로 결정되는 가치
* 자가 생산된 재료의 재료가치: 일반경비를 포함하여 생산과정에서 발생한 모든 비용과 통상적인 이윤을 포함한 가치

4. 기타 원산지 판단 기준

(1) 누적기준(제6.5조)

* (재료누적) 타 당사국의 원부자재가 당사국 영역에서 상품에 결합된 경우,

상품에 결합이 일어난 당사국의 원산지 상품으로 간주

* (공정누적) 하나 이상의 생산자에 의해 어느 한쪽 또는 양 당사국 내에서 생산된 경우, 원산지 상품으로 간주

(2) 대체 가능 재료 및 물품의 원산지 판정 특례 인정(제6.7조)

* 석유·고철 등과 같이 대체 가능한 재료 및 물품(fungible goods and materials)을 사용하여 제품을 생산할 때 선입선출법, 후입선출법 등과 같은 재고관리법에 따라 재료의 원산지 판정
  - 일단 선택된 재고관리기법은 회계연도 동안 지속적으로 사용
  ※ 대체 가능 상품 및 재료란 동 물품의 특성, 기능, 구조의 유사성 때문에 상업적으로 대체가 가능(fungible)한 물품을 의미함
  - 다만, 원산지표시 등에 대해서는 대체 가능 재료 및 물품에 대해서도 각국이 국내법령에 따라 별도로 의무를 부과할 수 있도록 허용(주석 5)

(3) 세트 물품(제6.9조)

* 세트를 구성하는 모든 비원산지 상품의 가치가 세트의 조정가치의 15% 이하인 경우에 세트 전체를 원산지 상품으로 인정
  ※ 세트물품의 정의: HS상 서로 다른 호에 해당되는 두 개 이상의 물품이 특정 목적을 위해 하나로 조합된 상품
  - "HS 해석의 일반해석규칙"의 규칙 3상의 세트에 해당되는 경우, 세트 내의 각 상품이 모두 원산지 상품인 경우에만 그 세트 전체가 원산지 상품으로 인정됨

    예: 전동식 이발기(8510), 빗(9615), 가위(8213), 직물제 타올(6302), 가죽제 케이스(4202)로 구성된 이발세트(8510)

(4) 간접재료(제6.12조)

* 원칙적으로 간접재료는 원산지 결정 시 고려하지 않도록 규정

- 다만, 부가가치기준에 따라 역내 부가가치를 계산하는 경우에는 간접재료를 고려하도록 함

※ 간접재료란 연료, 설비 유지 부품 및 재료, 의류·안전장비 등 상품의 생산·시험 또는 검사에 사용되지만 그 상품에 물리적으로 결합하지 아니하는 상품을 의미함

(5) 직접운송(제6.13조)

* 직접운송원칙에 따라 아래에 해당하는 경우 원산지 제품으로 인정받지 못하도록 규정

- 단순 하역·선적, 제품의 보존, 운송에 필요한 작업 이외에, 당사국 영역 밖에서 생산이나 그 밖의 어떠한 공정이라도 거친 경우
- 비당사국의 영역에서 세관당국의 통제하에 있지 않은 경우

5. 농산물 원산지 기준(부속서 6-가)

(1) 신선 농산물은 완전생산기준에 근접한 원산지 기준 적용

- 화훼, 채소, 과실, 곡물류는 당사국에서 재배하고 수확한 농산물에 대해서 특혜관세 원산지 인정

※ 캐나다, 멕시코 등 제3국에서 재배하거나 수확한 작물을 미국에 수입한 후 우리나라에 재수출하면 원산지 불인정

- 닭고기는 완전생산기준, 나머지 육류는 제3국산 생축을 수입해 도축한 경우도 원산지를 인정(도축국 기준)

(2) 가공 농산물 중 민감한 품목을 원료로 사용하는 경우에는 상대적으로 엄격한 원산지 기준을 적용하기로 함

- 제3국에서 수입한 인삼을 가공한 제품은 원산지 불인정

- 제3국에서 수입한 과실, 견과류, 채소를 단순 가공하여 냉동하거나 염수 등에 저장·처리한 경우 원산지 불인정

6. 자동차 원산지 기준(제6.2조 제3항)

(1) 자동차에 대해 기업이 공제법(Build-Down), 집적법(Build-Up), 순원가법(Net Cost) 중 어느 하나를 선택적으로 사용하도록 규정

* 부가가치 수준은 집적법 35%, 공제법 55%, 순원가법 35%를 규정

(2) 자동차 부품의 경우, 품목별 원산지규정에 따라 세번변경기준 또는 부가가치 기준 적용

7. 기타 공산품 원산지 기준(부속서 6-가)

(1) 화학제품

* 양국의 입장을 공히 반영하여 미국의 주요 공정기준과 우리의 세번변경기준을 모두 인정

※ 주요 공정기준: 화학반응, 정제공정 등 협정이 정한 일정한 공정을 역내에서 거치는 경우 원산지 상품으로 인정

(2) 신발

* 역외산 갑피(uppers) 사용이 인정되나, 일부 품목에 대해서는 역내산 갑피 사용 요건을 적용

(3) 기계, 전기·전자, 철강

* 원칙적으로 세번변경기준을 채택하되, 양국 산업상 민감성이 있는 예외적인 경우에 부가가치 기준(공제법 및 집적법) 적용

※ 섬유 분야 원산지는 제4장 섬유 및 의류(p. 41) 참조
섬유·의류 원산지 기준은 협정 부속서 4-가에 별도 규정함

8. 특혜관세의 신청(제6.15조 및 제6.16조)

(1) 당사국 수입자는 원산지 증명서 또는 동 상품이 원산지 상품이라는 수입자의 인지에 의해 특혜관세 신청 가능

* 원산지 증명서의 경우 수출자, 생산자 또는 수입자가 자율적으로 발급 가능하며, 일정한 양식으로 이루어질 필요는 없음

※ 한·미 FTA는 원산지 증명서 제출 없이 수입자 인지(knowledge)에 의해서 특혜관세 신청을 가능토록 한 것이 특징. 다만, 수입자 인지에 의한 신청의 경우도, 특혜관세 정산 이전에 수입국 세관이 원산지 증빙서류 제출을 요구할 수 있음

(2) 원산지 증명은 단일 선적 외에도, 증명일로부터 12개월을 초과하지 아니하는 기간 내 동일 상품의 복수 선적에도 적용 가능(포괄증명)

(3) 미화 1,000불 이하의 상업용 또는 비상업용의 소액물품에 대해서는 원산지 증명서류 제출 생략

※ 미국 세관국경보호국(CBP) 규정 19 CFR 10.1006(a)(2)는 원산지 증명서류 제출이 면제되는 한국산 물품 기준액을 미화 2,500불 이하로 규정함으로써 협정상 기준보다 완화함

(4) 원산지 증명서는 발급일로부터 4년간 유효함

9. 원산지 직접검증제도(제6.18조)

(1) 수입국 세관당국이 수출국의 수출자 또는 생산자에 대한 서면조사 또는

방문조사를 통해 원산지의 적정 여부를 확인

* 수출국 영역 내 수출자 또는 생산자 시설에 대한 수입국 당국의 방문조사에 필요한 세부절차는 한·미 양국이 상호 합의토록 규정

(2) 검증 결과 원산지 적정 여부에 대한 부정적 예비판정 시, 수입국은 수입자에게 추가정보 제출 기회를 부여해야 하며, 수입자에게 최종 결정 통보 시, 사실관계와 그 법적 근거를 포함해야 함

(3) 원산지 증빙자료 미제출, 방문조사에 대한 거부 등의 경우에는 특혜관세 적용을 배제할 수 있음

(4) 검증 결과 허위 신고나 허위 증명 적발 시, 수입국은 특혜관세 대우를 배제할 수 있음

10. 수출입 관련 의무(제6.17조, 제6.19조, 제6.20조)

(1) 수출자 및 생산자는 원산지 증명에 필요한 증빙 서류를 증명 발급일로부터 5년간, 수입자는 상품의 수입일로부터 최소 5년간 보관해야 함

(2) 원산지상품 수입 당시 특혜관세 대우를 신청하지 못한 경우, 수입자가 수입일로부터 1년 이내에 사후 신청이 가능하며, 일정 서류 구비 시 납부관세 환급 가능: 수입 시점에 원산지 상품이었다는 신고 및 관련 증빙 자료를 제시해야 함

(3) 수출자 또는 생산자가 자신이 발부한 원산지 증명서류의 오류사항을 수입자 등에 자발적으로 통보한 경우 벌칙을 부과할 수 없도록 규정함

11. 개성공단 관련 합의내용(부속서 22-나)

* 개성공단 제품이 한국산과 동일한 특혜관세를 부여받을 수 있는 구체적인

제도적 틀을 마련함

* 양국간 "한반도 역외가공지역위원회"(Committee on Outward Processing Zones on the Korean Peninsula)에서 일정 기준하에 역외가공지역(OPZ)을 지정할 수 있는 별도 부속서를 채택

※ OPZ 지정기준(예시): ① 한반도 비핵화 진전, ② 역외가공지역이 남북관계에 미치는 영향, ③ 역외가공지역 내 일반적인 환경 기준, 노동기준·관행, 임금 관행, 영업 및 경영 관행(단, 북한 지역의 일반적인 상황 및 관련 국제 규범을 참조)

* 한반도역외가공지역위원회에서 위원회가 수립한 기준을 충족하는지 여부, OPZ에서 추가될 수 있는 총투입가치의 최대한도 등을 결정하도록 규정

* 위원회의 결정은 당사국들에게 권고되고, 각 당사국은 OPZ에 대해 협정문 개정을 위한 입법적 승인을 구할 책임을 지도록 함

Ⅲ-2 | 한·EU FTA 원산지 규정

1. 원산지 인증수출자

(1) 인증수출자 지정 제도

- 6,000유로를 초과하는 물품을 한국이나 EU 27개 회원국으로 수출하고자 하는 업체는 세관당국으로부터 인증수출자 지정을 받아야 원산지 신고가 가능함
- 이러한 지정을 받기 위해서는 세관당국이 규정하고 있는 각종 원산지 증명능력을 해당 업체가 보유하고 있어야 함
- 다만, 수출 당시에 인증수출자로 지정되지 않아 특혜관세를 적용받지 못했더라도 수입통관 시점부터 한국으로 수출할 경우는 1년, EU로 수출할 경우는 2년 내에 인증수출자로 지정받아 원산지 신고서를 작성·제출하면 특혜관세를 소급적용 받을 수 있음

(2) 인증수출자의 종류

- 우리나라의 경우, 수출업체의 편의를 위해 인증수출자를 업체별 인증수출자와 품목별 인증수출자 2가지로 분류해서 운영하고 있음
- 업체별 인증수출자로 지정되면 해당 업체가 수출 또는 생산하는 모든 물품에 대해 3년간 인증혜택 부여가 가능하며, 업체별 인증요건 미충족 시에는 품목별 인증수출자로 지정받아 인증받는 해당 품목(HS 6단위)에 대해서 원산지 신고가 가능함

〈인증수출자의 종류 및 자격〉

	업체별 인증수출자	품목별 인증수출자
인증 기관	본부 세관(서울·인천공항·부산·인천·대구·광주) 및 평택 직할세관	좌동
인증 기간	3년	2년
적용 범위	해당 업체가 수출 또는 생산한 모든 품목	해당 업체의 인증품목
인증 기준	·원산지관리시스템 보유 또는 증명능력 보유 ·원산지 증명서 작성대장을 비치·관리하고 원산지관리 전담자(외부 전부가 포함)를 지정·운영 ·최근 2년간 원산지조사 거부사실이 없는 자 ·최근 5년간 서류보관의무(보관요구를 받고 시정한 경우는 제외)를 위반한 사실이 없는 자 ·최근 2년간 속임수 또는 부정한 방법으로 원산지 증명서를 발급 신청한 사실이 없는 자	·원산지결정기준을 충족하는 물품(HS 6단위 기준)을 수출하는 자 ·원산지 증명서 작성대장을 비치·관리하고 원산지관리 전담자(외부 전문가 포함)를 지정·운영
제출 서류	① 신청서(FTA특례법시행규칙 별지 제3호 서식) ② 수출자가 수출 또는 생산하는 주요 품목의 원산지 소명서(원산지관리시스템을 보유하고 있는 경우, 동 시스템의 현황자료 제출 가능) ③ 원산지 확인서(수출자와 생산자가 다른 경우) ④ 원산지 소명서에 기재된 내용을 입증할 수 있는 원산지 확인서류(관세청장 또는 세관장이 요구하는 경우로 한정)	① 신청서(FTA특례법시행규칙 별지 제4호의 2서식) ② HS 6단위 기준 원산지인증 신청품목별 원산지 소명서 ③, ④ 좌동
인증기간 연장	인증기간 만료 30일 전까지 연장 신청(업체별은 3년, 품목별은 2년간 연장)	

(3) 원산지 증명서 작성요령

- 원산지 증명서는 정형화된 서식이 있는 것이 아니라, 원산지 신고내용을 상업송장, 인도증서 또는 그 밖의 상업서류에 기재하고, 장소 및 날짜와 수출자의 이름을 정확하게 적고, 서명을 하면 됨

(4) 인증수출자 지정 신청 반려 사례

- 관세청 자료에 따르면, 2011년 상반기 중 총 188건의 원산지 인증수출자 반려 사례가 발생했는데, 이 중 원산지 기준 불충족이 23건, 원산지 관련 서류 미제출이 134건, 자진 반려요청이 31건으로 나타남

2. 원산지 결정기준

(1) 원산지 결정 기준

- 한·EU FTA에서는 원산지를 결정할 때 당해 물품이 어느 한 국가에서 완전히 생산된 경우, 완전생산기준을 적용하고, 2개국 이상에 걸쳐 생산된 경우에는 실질변형기준을 적용함
- 실질변형기준에는 세번변경기준, 부가가치기준, 특정공정기준 등이 있고, 이 외에 누적기준, 미소기준(최소허용기준), 불인정공정기준 등 다양한 기준이 적용됨
- 위와 같은 원산지 결정기준을 충족한 경우에도 직접운송의 원칙을 충족하여야 원산지 물품으로 인정됨

(2) 일반적 기준

가. 완전생산기준

- 완전생산기준은 어느 한 국가에서 당해 물품의 전부를 생산한 경우, 이를 원산지로 인정하는 기준으로서 농수산물, 광업제품 등 주로 1차 산품이 해당됨

〈완전생산기준〉

구분	내용
광물성 생산품	당사국 영역의 토양 또는 해저로부터 추출
식물성 생산품	당사국 내에서 재배되고 수확
산 동물	당사국 내에서 출생되고 사육
수렵, 어로, 양식 생산품	당사국 영역에서 어로, 양식 등으로 획득한 상품 당사국 영역 밖에서 당사국의 선박을 이용해 어로로 획득한 상품과 배타적으로 동 상품만 이용한 가공선박에서 생산된 제품

나. 실질변형기준

① 세번변경기준

- 당해 제품의 품목번호와 당해 제품에 사용된 비원산지 재료의 품목번호가 일정 단위 이상 변경된 경우 당해 제품을 최종적으로 생산한 국가를 원산지로 인정하는 기준
- 2단위 세번변경기준(CC: Change of Chapter), 4단위 세번변경기준(CTH: Change of Tariff Heading)과 6단위 세번변경기준(CTSH: Change of Tariff Sub Heading)이 사용되며, 2단위 변경기준은 6단위 변경기준보다 더 많은 가공을 해야 하므로 요건 충족이 더 까다로움
- 불인정공정만 수행된 경우에는 세번변경기준을 충족하여도 원산지물품으로 인정하지 않으며, 원산지 재료만으로 생산된 경우에는 원산지 확인이 불필요함

〈예시〉

CC	미삼(HS 1 2류) → 인삼엑기스(HS 1 3류)	2단위 "류"가 변경
CTH	견사(HS 5006) → 견직물(HS 5007)	4단위 "호" 변경
CTSH	아연괴(HS 7901.11) → 아연합금(HS 7901.20)	6단위 "소호" 변경

② 부가가치기준

- 비원산지 재료를 사용하여 제품을 생산하는 경우, 가공과정에서 일정수준 이하의 비원산지 재료를 사용해야 원산지를 인정하는 기준으로, 한·EU FTA에서는 공장도(ex-works) 가격을 기준가격으로 하여 허용된 비원산지 재료의 사용비율 상한선을 규정함

〈선택기준〉

- 한·EU FTA에서는 그동안 EU가 다른 국가와 체결한 FTA에서 견지해

은 엄격한 결합기준 원칙(세번변경기준 또는 부가가치기준 중 하나만 충족)을 채택함

: 예를 들어 자동차 부품의 경우, 세번변경기준(CTH) 또는 비원산지 재료 비율 50% 이하를 충족시키면 되고, 각종 기계류 역시 세번변경기준(CTH) 또는 비원산지 재료 비율 45~50% 이하의 조건을 맞추면 특혜관세 혜택을 받을 수 있게 됨

③ 특정공정기준

- 특정공정기준(Specific Manufacturing or Processing Operation)은 주요 제품에 대해 특정한 제조방법을 제시하고, 이러한 공정이 수행된 국가를 원산지로 인정하는 방식임. 동 기준은 세번변경기준이나 부가가치기준을 동시에 만족시켜야 하는 보조적인 기준으로 쓰이는 경우가 많음

  : 예를 들어 면직물, 견직물 등의 경우 세번변경기준(CTH) 또는 날염작업이 수행될 것(다만, 날염되지 아니한 비원산지 직물의 가격이 그 제품의 공장도가격의 47.5%를 초과하지 아니하는 것에 한정)을 조건으로 하고, 의류(HS 62류)의 경우는 제조공정(절단을 포함)을 수반한 직조공정 등을 거칠 것을 기준으로 하고 있음

(3) 보충적 기준

가. 누적기준

- 제품 생산 시 협정 상대국의 원산지 상품이나 재료를 사용한 경우, 제품 생산에 투입된 상대국의 상품이나 재료를 원산지 제품으로 간주하는 제도로서 역내산(EU산 또는 한국산) 원부자재의 교역 활성화를 위한 조치임
- 이 경우, 제품을 생산한 협정 상대국에서 다음에 설명할 단순한 작업 또는 공정 이상을 거쳐야 함

나. 단순한 작업 또는 공정

- 어느 제품이 협정 상대국의 영역에서 다음의 어느 하나에 해당하는 작업 또는 공정만을 거쳐서 생산된 때에는 원산지 제품으로 인정하지 아니함(한·EU FTA 협정문상 “불충분한 작업 또는 가공”의 의미)

1) 운송되고 보관되는 동안 물품을 양호한 상태로 유지되도록 보장하기 위한 보존 공정

2) 포장상태의 변경, 포장의 해체 및 조립

3) 세탁, 세척 그리고 먼지·녹·기름·페인트 또는 그 밖의 막 제거

4) 섬유의 다림질 또는 압착(壓着) 작업

5) 단순한 페인트칠 및 광택작업

6) 곡물 및 쌀의 탈각(脫穀), 부분 또는 전체의 표백·연마 및 도정 작업

7) 당류의 착색(着色), 착향(着香) 또는 각(角)설탕 작업, 결정당의 부분 또는 전체의 제분

8) 과일·견과류 및 채소에 대한 탈피(脫皮), 씨 제거 및 탈각 작업

9) 연마, 단순 분쇄 또는 단순 절단

10) 감별·체질·선별·분류·등급화 또는 조화 작업(물품의 세트 구성 포함)

11) 병, 깡통(Cans), 휴대용 병(Flasks), 가방, 케이스 또는 상자에 단순히 물품을 넣는 작업과 카드 또는 판에 붙이는 작업, 그리고 그 밖의 모든 단순 포장작업

12) 표식·라벨·로고 및 이와 유사한 표시물을 물품 또는 물품의 포장에 부착하거나 인쇄하는 작업

13) 다른 종류인지에 관계없이 물품의 단순 혼합, 모든 재료와 설탕의 혼합

14) 완성품을 구성하기 위한 부분품의 단순한 조립 또는 제품을 부분품으로 분해하는 작업

15) 시험 또는 측정

16) 1)부터 15)까지에 규정된 공정 둘 이상의 조합

17) 동물의 도축

다. 최소허용기준(미소기준)

- 제품 생산에 사용된 모든 비원산지 재료의 가치가 전체 제품 가치의 일정비율 이하에 해당하는 경우에는 세번변경기준 등을 충족하지 못하였어도 예외적으로 원산지를 인정하는 기준. 이 경우에도 상기의 단순작업 또는 공정 이상을 거쳐야 함

구분	내용
일반제품(가격기준)	10% 이하(Ex-works)
섬유제품(HS 50~63) (중량 및 가격기준)	품목마다 기준이 상이 (8~30%, 중량 및 공장도가격기준 등 다양)

라. 대체 가능 상품 및 재료

- 어떤 물품의 생산에 둘 이상의 대체 가능 물품이 사용되었고 그중에 원산지 재료와 비원산지 재료가 함께 있는 경우에는 그 재료의 원산지에 따라 물리적으로 구분하여 보관해야 함
- 원산지 재료와 비원산지 재료를 물리적으로 구분·보관하는 데 기술적으로 어려움이 있거나 상당한 비용이 드는 경우에는 생산자가 지정하는 다음의 어느 하나에 해당하는 방법(이하 "재고물품관리법"이라 한다)에 따라 그 물품의 원산지를 결정할 수 있음

1) 개별법: 물품의 원산지 재료와 비원산지 재료를 구분하여 각 재료의 원산지에 따라 그 물품의 원산지를 결정하는 방법

2) 선입선출법: 입고된 재료 중 먼저 입고된 재료가 먼저 출고된 것으로

보아 먼저 입고된 재료의 원산지를 기준으로 그 물품의 원산지를 결정하는 방법

3) 후입선출법: 입고된 재료 중 가장 최근에 입고된 재료가 먼저 출고된 것으로 보아 최근에 입고된 재료의 원산지를 기준으로 그 물품의 원산지를 결정하는 방법

4) 평균법: 보관 중인 원산지 재료와 비원산지 재료의 구성비율을 기준으로 그 물품의 원산지를 결정하는 방법. 이 경우 원산지 재료와 비원산지 재료의 구성비율 계산은 보관(기초재고를 포함한다) 또는 취득한 원산지 재료와 비원산지 재료의 취득 가격이나 수량 등을 기준으로 함

- 재고물품관리법은 재료가 물리적으로 구분되어 원산지 지위를 부여받는 경우보다 더 많은 원산지 지위를 부여받지 아니하도록 함
- 재고물품관리법이 일반적으로 인정되는 회계원칙과 다를 때에는 그 협정 당사국에서 일반적으로 인정되는 회계원칙을 적용함

마. 부속품·예비부품 및 공구

- 상품과 함께 인도되는 부속품, 예비부품 또는 공구는 그 상품이 원산지 상품인 경우 원산지 상품으로 간주함
- 다만, 부속품, 예비부품 및 공구가 그 상품과 같이 분류되고, 그 상품과 별도로 송장이 발부되지 아니하면 그 부속품, 예비부품 또는 공구의 수량과 가치가 그 상품에 대하여 통상적인 수준이어야 함

바. 세트물품

품목분류결과 세트로 분류되는 경우는 세트 내의 각 상품이

1) 원산지 상품인 경우 원산지 상품으로 규정하며,

2) 모든 비원산지 상품의 가치가 그 세트의 공장도가격의 15%를 초과하

지 않는 경우 원산지 상품으로 간주함

사. 포장용품 및 용기

- 내용물과 함께 분류되는 포장용품 및 용기는 그 물품의 원산지 결정에 포함되며, 물품이 원산지 물품인 경우 그 포장용품 및 용기도 원산지 물품으로 간주됨

아. 간접재료

- 물품에 물리적으로 결합되지 아니하는 재료로서 다음 중 어느 하나에 해당하는 간접재료는 그 물품의 원산지 결정을 위한 고려대상에서 제외함
  1) 연료 및 에너지
  2) 설비 및 장비(그 유지에 사용되는 예비부품과 그 재료를 포함함)
  3) 기계 및 도구
  4) 제품의 최종 구성에 들어가지 아니하고, 들어가도록 의도되지 아니하는 물품

자. 직접운송 원칙

- 원산지 요건을 충족한 물품이라도 협정 상대국으로부터 국내로 직접 운송되지 않는 경우 원산지 물품으로 인정되지 아니함
- 다만, 동 물품이 제3국 경유 시 단순하역이나 제품의 보존·운송에 필요한 작업이 이루어진 경우 또는 세관 당국의 통제하에 있었던 경우는 예외로 하며, 수입자가 상기 사실을 입증하여야 함

3. 원산지 사전심사

(1) 사전심사 개념

- 원산지 사전심사란 협정관세의 적용에 대한 기초가 되는 사항으로서,

원산지결정기준의 충족 여부 등에 대하여 의문이 있는 자가 해당 물품의 수입신고를 하기 전에 관세청장에게 그 의문사항을 미리 심사하여 줄 것을 신청하는 제도

(2) 심사절차

- 산지 사전심사 신청대상은
  1) 당해 물품 및 당해 물품의 생산에 사용된 재료의 원산지에 관한 사항
  2) 당해 물품 및 당해 물품의 생산에 사용된 재료의 품목분류·가격 또는 원가결정에 관한 사항
  3) 당해 물품의 생산·가공 또는 제조과정에서 발생한 부가가치의 산정에 관한 사항 등
- 신청자는 이때 당해 물품의 품명·규격·품목번호 및 가격, 당해 물품의 생산에 사용된 재료별 품명·품목번호·가격 및 원산지 등이 기재된 사전심사신청서 및 거래계약서·원가계산서·원재료내역서·공정명세서 등 신청내용을 심사하는 데 필요한 서류를 관세청장에게 제출하여야 함
- 관세청장은 사전심사 신청을 받은 날부터 90일 이내에 그 결과를 신청자에게 통지하여야 함
- 세관장은 수입자가 사전심사서에 따라 협정관세의 적용 등을 신청하고, 수입신고된 물품의 내용이 사전심사서의 내용과 같다고 인정되는 경우 특별한 사유가 없으면 사전심사서의 내용에 따라 협정관세를 적용하여야 함

4. 원산지 검증

(1) 원산지 검증

- 원산지 검증이란 협정 또는 국내법에서 정한 '원산지 요건'(원산지 결정

기준·원산지 증명서류 등) 충족 여부를 확인하여 잘못된 것을 바로잡거나, 위반자에 대하여 제재조치를 취하는 일련의 행정절차를 말함

- 한·EU FTA에서는 원칙적으로 간접검증방식을 채택함. 따라서 원산지가 의심되는 경우, 수입국 관세당국에서 수출국 관세당국으로 원산지 검증을 의뢰하며, 수출국 관세당국에서는 검증요청일로부터 10개월 이내에 원산지 상품 여부에 대한 회신을 하여야 함
- 한편, 이러한 간접검증방식을 보완하고, 검증의 실효성을 확보하기 위해 수입국 세관공무원이 수출국 관세당국의 동의를 얻어 검증에 참관하는 것도 가능하도록 함

(2) 원산지 검증 사례

- 부가가치 원산지기준 불충족(스포츠 신발)

  인도네시아에서 생산되어 국내로 수출된 스포츠 신발에 대해, 부가가치기준(RVC 40%)을 적용하면서 해외 중개업자의 마진이 포함된 제3국 발행 인보이스 가격을 기초로 역내부가가치비율을 계산한 사례: 현지검증을 통해 현지 생산자의 납품가격을 기초로 역내부가가치비율을 재계산한 결과 RVC 40% 기준에 미달한 것으로 확인되어 원산지를 부인함. 이로 인해 국내 수입자는 8%에 달하는 관세를 소급해서 전액 납부해야 했음
- 원산지 증명서 원산지국명 표기 위반(유모차)

  노르웨이 유모차 원산지 증명서에 원산지국가명을 한·EFTA협정에서 정한 대로 노르웨이를 의미하는 ISO 2자리 코드 'NO'로 표기해야 하는데 'EEA'(European Economic Association)로 표기한 사례: 노르웨이 수출자가 한·EFTA 협정에 따른 원산지 신고요령을 잘 몰랐던 탓으로 풀이됨. 이로 인해 유모차를 수입한 국내 수입자는 8%의 관세를 소급해서 납부해야 했음

- 상대국의 법정기한 내 검증결과 미회신(목재)

  인도네시아에서 수입된 목재의 원산지 증명서의 발급번호가 중복되는 등 위조 혐의가 제기된 사례: 인도네시아 검증당국(무역부)에 원산지 증명서의 진위 여부 확인을 요청하였으나, 인도네시아 측에서 법정기한(6개월) 내에 아무런 이유 없이 검증결과를 회신해 주지 않음. 이는 수출국 정부당국의 업무태만이고 협정위반에 해당되므로 국내 수입자는 8%의 관세를 소급해서 납부해야 했음

- 해외 수출자의 자료제출 거부(신발, 가방)

  해외 현지 수출자가 수출국 세관당국의 원산지증빙서류 제출에 응하지 못해 원산지를 인정받지 못한 케이스: 스위스에서 수입된 명품 브랜드의 신발 및 가방에 대해 우회수입이 의심되어 스위스 세관에 원산지 검증을 요청하였으나, 현지 수출자가 원산지 증빙서류를 제출하지 못하였음. 수출자는 일종의 오퍼상으로서 해당 물품을 실제 생산하지도 않았고 원산지 증빙서류를 보관하지도 않은 것으로 나타남. 이에 따라 국내 수입자는 8%의 관세를 소급해서 전액 납부해야 했음

Ⅲ-3 | 한·ASEAN FTA 원산지 규정

1. 한·ASEAN FTA 협정(상품무역)의 특징

- 한·ASEAN FTA 경우에는 전체품목에 대한 양허방식을 결정하고 이에 따라 각국이 자국 산업의 민감도에 따라 품목을 배정하는 방식(Modality)을 사용함
- 한·ASEAN FTA 상품양허안 협상에서는 Modality에 따라 각국이 자율적으로 품목을 배치함을 원칙으로 하였으나 당사국의 관심사항을 반영하기 위해 양자협상을 보완적으로 사용함
- 한·ASEAN FTA의 상품 Modality는 전체품목(HS 6단위 5,224개)을 크게 일반품목군과 민감품목군으로 나누고 민감품목군을 일반민감품목군과 초민감품목군으로 나눈 다음, 초민감품목군을 다시 5개의 범주로 나누고 있음. 각 품목군의 '크기'는 품목수와 당사국간 수입액을 기준으로 정하고 각 품목군별로 관세철폐·인하 기준을 설정함
- 관세철폐 및 인하 대상이 되는 상품의 원산지 판정 규정과 원산지 증명 절차는 한·ASEAN FTA 협정(상품무역)의 부속서 3 및 그 부록에 기술되어 있으며, 여기서는 완전생산기준과 실질변형기준에 입각하여 원산지 결정 기준을 정하고 있음

2. 완전생산기준

- 한·ASEAN 상품무역협정 제5조의 부속서 3에 따르면 상품이 아래의 조건

을 만족시키는 경우에는 당사국의 영역 내에서 완전 획득되거나 생산된 상품으로 간주한다고 규정하고 있음(부속서 3, 제3조)

가. 당사국 영역 내에서 재배된 후 수확, 채집 또는 수집된 식물 또는 식물 상품

나. 당사국 영역 내에서 출생하고 사육된 살아 있는 동물

다. 나호에서 규정된 살아 있는 동물로부터 획득한 상품

라. 당사국 영역 내에서 수행된 수렵, 덫사냥, 어로, 양식, 수집 또는 포획으로부터 획득된 상품

마. 당사국 영역 내 토양, 수역, 해저 또는 해저 하부에서 추출되거나 취득된 상품으로서 가호 내지 라호에 포함되지 아니하는 광물 및 다른 자연 발생 물질

바. 당사국에 등록되고 그 국기를 게양할 자격이 있는 선박에 의하여 취득된 어로 생산품이거나 그 당사국 또는 그 당사국의 국민에 의하여 취득된 다른 어로 상품. 다만, 그 당사국은 그 당사국의 영해 밖의 수역, 해저 또는 해저 하부에 대하여 자연자원을 탐사할 권리를 국제법상 가져야 함

사. 당사국에 등록되고 그 국기를 게양할 자격이 있는 선박에 의하여 공해상에서 취득된 어로 생산품 및 그 밖의 수산물

아. 당사국에 등록되고 그 국기를 게양할 자격이 있는 선박의 선상공장에서 전항에 규정된 상품만을 사용하여 생산되거나 만들어진 상품

자. 우주공간으로부터 취득된 상품. 다만, 당사국 또는 그 당사국의 인에 의해 획득되어야 한다.

차. 당사국 영역에서 수집된 물품으로서 더 이상 본래 목적을 수행할 수 없고 저장 또는 수리할 수 없으며 원재료의 부품의 처분이나 회수, 또는 재활용 목적으로만 적당한 물품

카. 폐기물 및 부스러기로서,

1) 당사국 영역에서 생산되거나,

2) 당사국 영역에서 수집된 중고품. 다만, 그러한 상품은 원재료의 회수용으로만 적합하여야 한다.

타. 가호 내지 카호에 규정된 상품으로부터만 당사국 영역에서 생산 또는 획득된 상품

3. 실질변형기준

- 생산에 2국 이상이 관여한 경우에는 부속서 2의 부록 2에 품목별 원산지규정에 명시된 원산지 결정기준을 만족하거나 부록 2에서 규정된 품목이 아닌 경우, 역내부가가치비율(Regional Value Content)이 FOB 가격의 40% 이상이거나 HS 4단위에서 세번변경(稅番變更)이 일어난 상품은 원산지 상품으로 간주함
- 역내부가가치비율의 계산은 집적법과 공제법 모두 이용 가능하나 각 당사국은 하나의 방식을 선택하여 모든 품목에 대하여 동일한 방식을 적용하도록 하였음

1) 공제법

$$RVC = \frac{FOB - VNM}{FOB} \times 100\%$$

2) 집적법

$$RVC = \frac{VOM}{FOB} \times 100\%$$

(VNM: 비원산지 재료의 가격, VOM: 원산지 재료의 가격)

4. 개성공단 제품

- 한·ASEAN FTA 협정 부속서 3의 제6항 '특정품목의 취급'에서 실질적으로 역외가공을 통해 생산된 제품에 대한 원산지 인정을 허용하였고 이 조항에 적용되는 특정품목은 양측의 합의에 의해 정해진다는 것을 명시함으로써 실질적으로 개성공단 제품에 대한 특혜관세 혜택의 길을 열어 둠
- 이러한 개성공단에 대한 역외가공의 인정은 양측 경제장관들간의 교환각서를 통해 구체적인 합의 내용을 담고 있는데, 기본적으로 ASEAN 회원국은 역외(개성) 투입(재료비 외에 운송비 등 제반 비용 포함)의 총가치가 최종재화 FOB 가격의 40% 이하이고 일방 당사국(한국) 재료의 총가치가 최종재화 생산에 이용된 총재료 가치의 60% 이상인 경우 (개성에서) 역외가공된 제품에 대한 한국산 원산지를 인정토록 함
- 교환 각서에서 각 ASEAN 회원국은 개성공단에서 이미 생산되고 있거나 생산 예정인 품목(232개 품목) 중 100개 품목을 선정하여 개성공단에서의 역외가공을 통한 특혜관세를 부여하도록 함. ASEAN 회원국들이 선정한 품목들을 보면 개성공단에서 생산 또는 생산 예정인 품목이 비교적 골고루 선정되었고 의류(24.8%), 시계(17.9%)의 순으로 허용한 품목의 수가 많은 것으로 나타남
- 개성에서 역외가공된 제품의 ASEAN 수출이 급증할 수 있다는 ASEAN 측의 입장을 고려하여 긴급수입제한조치를 도입하였는데, 이를 통해 개성공단 수입품에 대하여 수입이 급격히 증가하거나 자국의 국내산업에 위협이 되는 경우 ASEAN 각국은 긴급수입제한조치를 취할 수 있음. 이러한 수입제한조치를 취하기 위해서는 최소 2개월 전까지 한국에 통보하여 한국이 이에 대한 의견을 교환할 수 있는 기회를 갖도록 함

[표 1] 한·ASEAN이 선택한 빈도수 상위 5개 품목류(개성공단 제품)

	의류	시계	신발	편물의류	전기기기, TV, VTR
ASEAN이 선택한 품목비율	24.8%	17.9%	12.8%	9.1%	7.2%
개성공단 생산(예정) 품목비율(232개)	26.7%	12.1%	12.5%	9.9%	8.6%

자료: 외교통상부

- 양측은 매년 정기적으로 개성공단 제품의 특혜관세 실시 및 시행과 관련한 부속서 3의 제6조를 재검토하고, 필요한 경우 이행위원회는 이와 관련한 건의를 할 수 있도록 함. 협정이 발효하고 5년이 지난 후에(anytime five years after the entry into force of the Agreement on Trade in Goods) ASEAN 회원국 각국이 개성공단 문제를 다루는 제6조로 인해 심각한 피해를 입었다는 결론에 도달할 경우 본 양해각서의 적용을 철회할 수 있도록 함

Ⅲ-4 | 한·싱가포르 FTA 원산지 규정

1. 개요

- 한·싱가포르 FTA의 원산지 규정은 싱가포르가 재수출 비중이 높은 중계무역국가임을 감안하여 비교적 엄격하면서도 합리적인 원산지 규정을 채택하였음
- 협정문은 원산지상품, 특정상품(개성공단 생산제품)의 취급, 역외가공, 역내가치 포함비율, 중간재, 중립요소, 누적계산, 최소허용수준, 대체 가능 상품 및 재료, 부속품·예비부품·공구, 포장재료 및 용기, 직접운송, 불인정공정 등으로 구성되어 있음
- 부속서에는 품목별 원산지기준, 개성공단 등 관련 상품, 역외가공 관련 상품 리스트가 포함되어 있음

2. 원산지기준 기본원칙

(1) 우선 완전생산기준으로 ① 양국에서 수확·채취한 식물과 광물, ② 양국에서 출생하고 사육된 동물, ③ 양국에서 생산된 원재료를 가지고 처음부터 양국에서 가공한 물품 등의 경우 원산지 제품으로 인정됨(제4.1조)

(2) 실질적 변형기준으로는 세번변경기준을 원칙으로 하되, 품목에 따라 부가가치기준 또는 특정공정기준을 보완적으로 적용하여 세번변경기준과 조합하거나 단독으로 사용하도록 함

- 부가가치기준이 사용되는 경우, 아래와 같이 공제법(build-down method) 계산에 따라 전반적으로 45~55% 이상의 역내가치 포함비율(regional value content)을 요구하는 것으로 합의함(제4.5조)

3. 원산지기준 보충원칙 및 특례

(1) 원산지기준의 보충원칙으로 미소기준, 누적 규정, 불인정공정, 직접운송, 중간재, 대체 가능 물품, 부속품·예비부품·공구 등에 관하여 규정하였는데 주요 내용은 다음과 같음

- 미소기준의 경우, 그 상품의 생산에 사용된 세번변경이 이루어지지 않은 모든 비원산지 재료의 가치가 관세가격의 10%(섬유제품의 경우 8%)를 초과하지 않으면 원산지상품으로 인정하도록 함(제4.10조)
- 농·수산물의 경우 신선 농·수산물에 대해서는 미소규정을 적용하지 않고, 가공 농·수산품은 6단위 세번변경기준을 추가로 만족해야 하는 등 보다 엄격하게 적용됨
- 누적규정에 따라, 상대국을 원산지로 하는 재료가 국내상품의 생산에 사용되는 경우, 국내산으로 간주됨(제4.9조)
- 한·싱가포르 FTA에서는 실질적 변형이 일어난 것으로 간주하지 않는 최소가공 또는 불인정공정을 다양하게 예시하였는데, 건조·냉동 등 운송 및 저장기간 동안 좋은 상태로 상품을 보존하기 위한 작업, 상표 부착, 분해, 포장 변경, 단순 혼합, 단순 조립, 시험 또는 측정 등이 이에 해당됨(제4.16조)

(2) 싱가포르는 협소한 국토면적과 높은 인건비 등으로 인해 역외가공(outward processing)[1)]이 보편화되어 있음. 한·싱가포르 FTA에서는 이러

한 특성을 감안하여, 일부 품목(HS 10단위 134개)에 한하여 엄격한 요건 하에 역외가공을 인정해 주기로 함(제4.4조)

- 다만 비원산지 투입의 총가치가 관세가격의 40%를 초과하지 않고, 원산지 재료의 가치가 완제품 관세가격의 45% 이상이어야 하며, 재수입된 상품이 수출된 재료의 가공을 통하여 생산될 것 등 엄격한 요건을 충족하는 경우에만 역외가공에 의한 원산지가 인정됨

(3) 개성공단 또는 한반도의 여타 공업지구에서 생산된 것으로 양해되는 제품(HS 6단위 4,625개(상품무역))이 한국 영토를 거쳐 싱가포르에 수출되는 경우 원산지상품으로 인정하여 특혜관세를 부여하도록 함(제4.3조)

4. 특혜관세 신청 및 원산지 증명서

(1) 한·싱가포르 FTA 협정문 제5장은 수출입업자가 준수해야 하는 원산지 증명서 제출과 관련된 의무와 당사국 정부의 원산지 검증절차를 규정함

(2) 협정문은 원산지 증명서, 특혜관세 신청, 수출관련의무, 자료보관의무, 원산지 검증, 원산지 사전판정, 관세협력, 관세접촉선 등으로 구성되어 있으며, 부속서는 원산지 증명서 발급기관, 양국의 원산지 증명서 양식, 관세접촉선 등을 규정함

(3) 수입자는 상대국으로부터 수입되는 상품에 대하여 특혜관세 대우를 신청하기 위해 수입신고서의 일부로서 협정관세적용 신청서를 제출해야 하며, 수입국 관세행정기관으로부터 요구가 있을 때에는 원산지 증명서 또는

---

1) 역외가공(outward processing): 역내생산(1단계)→역외가공(2단계)→재수입 후 역내 최종생산(3단계)과 같은 생산단계에서 이전의 역내부가가치(1단계)를 역외가공 이후의 역내부가가치(3단계)와 합산할 수 있도록 하는 제도

그 밖의 원산지 증빙서류를 제출해야 함(제5.3조)

(4) 수출자가 원산지 증명서 신청서를 작성하고 서명하여, 수출국 정부 또는 정부로부터 위임받은 기관에서 원산지 증명서를 발급하도록 규정함(제5.2조)

- 원산지 증명서 발급기관은 한국의 경우 관세청, 대한상공회의소 및 한국 정부가 지정한 기관이며, 싱가포르의 경우 싱가포르 세관 및 싱가포르 정부가 지정한 기관이 됨
- 원산지 증명서는 발급일로부터 12개월간 유효하며, 각 증명서는 1회 수입에 한함

5. 원산지 검증

(1) 양국의 세관당국은 원산지 검증, 즉 특혜관세 대우를 부여하기에 합당한지 여부를 판단하기 위하여, 수출국에 원산지 관련 정보를 요구할 수 있음(제5.7조)

- 서면으로 정보제공을 요청받은 수출업자나 생산자는 이를 수령한 날부터 30일 이내에 답변하여야 하며, 그러하지 않을 경우 특혜관세 대우를 받지 못할 수 있음

(2) 세관당국은 또 수출국의 수출업자 또는 생산자의 시설을 방문하여 상품생산 관련 기록 검토, 시설 검사 등을 실시할 수 있음(제5.7조)

- 수입국의 세관당국이 상대방 국가의 수출업자 또는 생산자의 시설을 방문하여 현지검사를 실시하고자 하는 때에는 상대방 관세행정기관을 통해 사전에 방문의사를 통보하고 서면동의를 받아야 함
- 수출자 또는 생산자가 통지를 받은 후 30일 이내에 서면으로 검증방문

에 동의하지 아니한 경우, 통지 당사국은 해당 상품에 대한 특혜관세 대우를 거부할 수 있음

6. 특혜관세 대우의 거부

양국은 다음의 경우에 수입되는 원산지상품에 대하여 특혜관세 대우를 거부할 수 있음(제5.9조)

- 신고된 수입상품의 원산지가 수출입자 및 생산자의 증빙서류에 의해서도 뒷받침되지 않는 경우
- 수출자 또는 생산자가 수입국의 관세행정기관에 대하여 요청받은 정보를 미제출하거나 관련 기록을 보관하지 않는 등 원산지 검증을 위한 정보에 접근을 허용하지 않는 경우
- 상품이 비당사국에서 선적되거나 환적된 경우, 비당사국의 영역에 있는 동안 세관의 관리감독하에 있었거나 여타 작업을 거치지 않았다는 것 등을 입증하는 서류를 제공하지 아니하는 경우
- 역외가공을 거친 상품이 제4장(원산지 규칙)의 역외가공 관련 조항에 규정된 모든 요건을 충족하였음을 입증하는 서류를 제출하지 않는 경우

7. 기타 규정

(1) 수출업자는 원산지 증명서 발급일로부터 5년간 원산지와 관련된 모든 자료를 보관해야 할 의무가 있음(제5.5조)
(2) 물품의 통관이 쉽게 이루어지게 하고 수출입업자가 상품의 원산지를 미리

판단할 수 있도록 도와주기 위한 목적으로 상품이 어느 HS 번호로 분류되어야 하는지, 원산지국은 어느 나라가 되는지, 또는 관세평가협정[2]의 적용 과정에서 제기되는 여타 의문사항 등에 대하여 수출입업자로부터 신청이 있으면 관세행정당국이 미리 이를 판정해 주는 사전판정제도(advance ruling)[3]를 도입하도록 함(제5.8조)

(3) 원산지 결정 또는 사전판정에 대해 수출입업자는 검토 및 불복청구를 할 수 있도록 길을 열어 둠(제5.11조)

(4) 수출입업자가 원산지 증명 관련 의무를 위반할 경우에는 형사상 또는 행정적 벌칙을 개별적으로 또는 동시에 부과하는 조치를 취할 수 있음(제5.12조)

(5) 상품의 가격이 높지 않은 경우 원산지 증명서를 제출하지 않아도 특혜관세 혜택을 받을 수 있는데, 상품의 총 과세가격이 미화 1,000달러 이하이면 원산지 증명서를 제출하지 않아도 특혜관세 혜택을 받을 수 있음(제5.6조)

(6) 양국은 관세행정기관을 통해 원산지 검증, 서류 없는 통관절차 등 통관절차의 간소화 및 전자화, 위험관리기법[4]에 관한 정보교환, 최적 관행에 대한 정보공유, 세관의 투명성 등의 분야에서 협력키로 함(제5.13조)

8. 이 외에도 한·싱가포르 FTA에서는 반덤핑 조치, 상계관세 조치, 긴급수입제한 조치를 상호 인정하고 있음

---

2) WTO 관세평가협정(Custom Valuation Agreement): 'GATT 제7조의 이행에 관한 협정'이 정식 명칭임. WTO 협정의 일부로서 회원국이 수입물품에 관세를 부과하기 위한 과세표준으로 수입물품의 어떤 가격을 기초로 하여야 하는지에 관한 원칙을 정한 협정

3) 사전판정제도(Advanced ruling): 수입 예정인 물품에 대하여 세관당국으로부터 미리 원산지가 어디인지 등에 관하여 유권해석을 받아 수입과정에서 발생할 수 있는 통관지연을 방지할 수 있도록 하는 제도

4) 위험관리기법: 세관 당국이 수입신고서와 심사대상인 수입물품을 선별하는 데 사용하는 전산자료 처리방법

III-5 | 한·칠레 FTA 원산지 규정

1. 원산지규정 개요

- 칠레와의 FTA에서는 NAFTA, EU·칠레 FTA를 기본으로 하되, 국내 산업구조와 칠레와의 교역관계 등을 고려하여 기준을 작성하였음
- 원산지규정은 총칙(General Rule)과 품목별 판정기준(Specific Rule)으로 구성됨
- 총칙부분에서는 원산지규정의 일반원칙, 용어의 정의, 협정의 해석·적용 등에 관한 사항을 기술함
- 제3국산의 우회수입 가능성을 방지하기 위해 농산물은 엄격한 원산지 기준을 마련함
- 품목별 판정기준은 제3국산 원재료를 수입하여 칠레에서 가공할 경우 칠레산으로 인정받을 수 있는 기준을 품목별로 결정하는 것임(부속서에 규정)
- 협정문은 원산지 관련 정의조항, 원산지 판정원칙, 부가가치 계산방식, 미소가공공정, 환적조항, 미소조항, 대체 가능 물품 등을 규정하며, 부속서는 전체 608개 품목별 원산지 기준을 규정함

2. 원산지 인정요건의 일반원칙

다음의 경우 당사국의 원산지 상품으로 인정함

(1) 양국에서 완전하게 생산된 경우

- 양국에서 수확·채취한 식물과 광물
- 양국에서 출생하고 사육된 동물
- 양국에서 생산된 원재료를 가지고 처음부터 양국에서 가공한 물품 등

(2) 제3국에서 원재료를 수입하여 가공한 경우 실질적 변형(substantial transformation)이 이루어진 나라가 원산지로 인정됨

- 한·칠레 FTA 원산지 규정에서 실질적 변형의 판정은 세번변경기준을 원칙적으로 적용하며, 부가가치기준 및 특정공정기준 등을 보완적으로 사용함

가. 세번변경기준(Change in Tariff Criterion)

- 현행 기준은 농산물의 경우 엄격한 2단위 변경(CC)이 많으며, 공산품의 경우 4단위(CTH), 6단위(CTSH) 변경이 주류를 이룸

나. 부가가치기준(Value-added Criterion)

- 이 기준은 우회수입 방지를 위해 세번변경기준과 보완적으로 사용되며, 세번변경기준 적용이 부적합한 경우 단독으로 사용됨
- 현행 규정의 부가가치 수준은 공제법(build-down method)으로는 45%, 집적법(build-up method)으로는 30% 기준을 적용하여 부가가치 인정 기회를 확대함
  * 이러한 부가가치 수준은 캐나다·칠레 FTA의 35% 수준을 제외하고는 가장 낮은 수준임
  * 북미자유무역협정(NAFTA) 등 대부분의 FTA에 규정된 부가가치 수준은 60%임
- 혼합 통조림과 혼합 주스의 경우 예외적으로 80% 기준을 적용함

다. 특정 가공공정기준(Processing Operation Criterion)

- 특정 가공공정기준은 제조공정 중 특정한 공정을 수행하거나 특정한

부품을 사용한 국가를 원산지로 하는 기준임

예: TV의 경우 브라운관(CRT) 생산국이 원산지가 됨

- 이 기준은 우회수입 방지를 위해 세번변경기준과 보완적으로 사용되며 섬유분야에 주로 사용되고 있음

3. 특수한 경우의 원산지 인정

(1) 최소허용(de minimis) 수준

- 비원산지 재료의 가치가 전체가격의 8%를 초과하지 않는 경우 역내산 원산지를 인정

(2) 대체 가능 물품(Fungible Goods and Materials)

- 구분하기 어렵고 대체 가능한 원산지 및 비원산지 물품이 혼합되어 있는 경우, 원산지 결정은 선입선출법, 후입선출법 등 재고관리법에 기초하여 이루어짐

4. 원산지 증명서 발급

- 한·칠레 FTA의 원산지 증명서 발급은 기본적으로 수출자 및 생산자의 자율증명 원칙에 따라서 이루어짐
- 단, 수출자가 작성한 원산지 증명서가 정부 또는 정부가 위임한 기관에 의해 발급되도록 노력해야 함

5. 원산지 확인

- 원산지 확인을 위해 양국의 세관당국이 수출국에 원산지 관련 정보를 요구

할 수 있음. 이에 따라 각 세관당국은 수출업자 및 생산자에 서면 질의 및 정보제공을 요구할 수 있음

: 수출업자 또는 생산자가 서면질의를 받은 후 30일 이내에 정확한 답변을 하지 않는 경우 특혜관세 대우를 거부할 수 있음

- 세관당국은 수출국의 수출업자 또는 생산자의 시설을 방문하여 생산관련 기록 및 시설을 검사할 수 있음

  : 수입국 세관당국은 사전에 방문의사를 통보해야 함

  : 통보를 받은 후 30일 이내에 확인방문에 대해 서면동의를 하지 않는 경우, 동 방문대상 상품에 대해 특혜관세 대우를 거부할 수 있음

- 수입국이 원산지 확인 후 원산지 증명이 허위로 또는 근거 없이 작성된 것으로 판명할 경우, 원산지규정 준수를 입증할 때까지 특혜관세 대우를 중지할 수 있음

6. 기타 규정

- 통관절차를 용이하게 하기 위해 특정 상품의 원산지기준 합치 여부, 임시반입 허용 등에 대해 사전판정(advance ruling) 제도를 도입함
- 원산지 판정에 대한 수출입업자의 이의 제기 및 재심사가 가능하며, 수입업자의 착오로 인해 납부한 관세를 1년 이내에 환급받을 수 있게 함
- 수출업자가 원산지 증명 관련 의무를 위반할 경우 형사, 민사 및 행정적 책임을 부과함
- 원산지 증명서 면제금액은 1,000달러이며, 각 원산지 증명서는 1회 수입에 한함

Ⅲ-6 | 한·인도 CEPA(포괄적 경제동반자 협정) 원산지 규정

1. 개요

- 한·인도 CEPA 협정의 원산지 규정은 협정문 제3장에 기술되어 있음. 제3장의 원산지 규정은 총 17조로 구성되어 있으며, 품목별 원산지 기준과 영역원칙의 예외 등 2개 부속서와 영역원칙 예외 적용대상이 되는 상품을 정리해 놓은 품목표, 재료의 가치를 산정하는 방법에 관한 협의 수행에 대한 교환각서, 개성공업단지에 대한 교환각서, 각서에 첨부된 개성공업단지 지도를 부록으로 포함하고 있음
- 제3장에서는 협정문의 오해와 모호함을 제거하기 위해 이 장에서 사용된 용어를 정의하고 특혜관세 대우를 받을 자격이 주어지는 원산지 상품에 대한 기준을 명확히 함(제3.1~3.2조)
- 원산지 상품으로 인정받을 수 있는 조건인 당사국의 영역에서 완전하게 획득되거나 생산된 상품의 기준과 그렇지 않은 상품이 원산지 상품으로 인정받을 수 있는 예외 조건들을 기술함(제3.3~3.4조)

제3.4조에 기술된 원산지 상품으로 간주될 수 있는 조건
• 부속서 3-가에 규정된 품목별 원산지 기준을 충족하는 상품 • 부속서 3-가에 규정된 것을 제외한 상품으로 · 역내가치포함비율이 FOB* 가격의 35% 이상이고 · 상품이 그 제조에 사용된 모든 비원산지 재료가 분류된 세번에서 통일상품명 및 부호체계의 6단위 기준으로 세번변경이 이루어진 경우

*FOB 가격이란?
해당물품을 본선에 인도하는 조건으로 실제로 지급하였거나 지급하여야 할 가격으로서, 최종 선적항(선적지)까지 운송하는 데 소요되는 운송비를 포함한 가격

역내가치포함비율 산정 방법

$$RVC = \frac{FOB\text{가격} - VNM}{FOB\text{가격}} \times 100\%$$

RVC는 백분율로 표시된 역내가치포함비율, FOB 가격은 제3.1조에 정의된 상품의 가격, VNM은 비원산지 재료의 가격으로, 수입재료인 경우에는 상품가격, 보험, 상품인도 운임 등이 포함된 CIF(Cost, Insurance and Freight) 가격이 기준

2. 주요 특징

- 간접재료(간접재료는 상품의 생산, 시험 또는 검사에 사용되지만 그 상품에 물리적으로 결합되지 아니하는 상품)의 원산지는 고려하지 않는 것으로 합의함
- 한·인도 양국은 또한 어느 한쪽 당사국의 원산지 재료가 상대국에서 상품생산을 위해 사용되었다면 그 재료의 원산지는 그 재료를 이용하여 상품을 생산한 상대국이 된다는 누적조항에 합의함
- 세번변경이 이루어지지 않았음에도 비원산지 재료의 가치가 상품의 FOB 가격의 10%를 초과하지 않는 상품에 대해서는 원산지 상품으로 인정하는 소위 미소조항에 합의함
- 상품의 수송을 위한 포장에 쓰이는 포장 재료 및 용기는 그 상품의 세번변경 여부 및 역내 가치포함비율 요건 충족 여부를 결정할 때 고려하지 아니함. 상품의 소매판매를 위해 사용되는 포장재료 및 용기는 그 상품의 세번변경 결정 시에는 고려하지 않으나 역내 가치포함비율 산정 시에는 고려대상이

됨(제3.10~3.11조)

- 양국은 관세당국의 충분한 입증이 없는 재반입 상품에 대해 비원산지 상품으로 간주하는 영역원칙, 이에 대한 예외사항을 부속서 3-나에 두기로 합의함(제3.13~3.14조)
- 이에 따라 개성공단에서 생산되는 상품, HS코드 6단위 기준 108개 상품을 부록에 명시함(부록 3-나-1)

3. 품목별 원산지 기준

- 협정문 부속서 3-가는 품목별 원산지 기준에 대한 일반적 주해와 함께 각 품목별로 구분하여 품목별 원산지 기준을 표로 정리하고 있음

[표 1] 품목별 원산지 기준

품목	구분(HS 챕터)	품목별 기준
신선 농수산물	Ch. 1-14	완전 생산기준
가공 농수산물	Ch. 15-24	세번변경기준 및 부가가치기준
자동차	Ch. 87	승용차(8703)를 포함한 대부분의 차량에 대하여 4단위 세번변경기준 및 역내부가가치기준 40%
전자·기계류	Ch. 84 & 85	4단위 세번변경기준 및 역내부가가치기준 40%
화학제품 및 플라스틱류	Ch. 29 & 39	화학제품: 4단위 세번변경기준 플라스틱류: 4단위 세번변경기준 및 역내부가가치기준 40%
섬유 및 의류	Ch. 50-63	의류: 2단계 생산공정기준* 섬유: 세번변경기준 및 부가가치기준 40%

* 2단계 생산공정기준: 수입산 원사(non-originating yarn)를 사용하여 역내에서 직물을 제작한 후 의류를 재단·봉재하는 것으로, 한·미 FTA에서의 Yarn Forward(역내산 원사 사용: 3단계 생산공정기준)보다 완화된 기준

4. 원산지 증명

- 협정문 제4장 원산지 절차에서는 원산지 증명서의 신청부터 발급, 효과 등을 포함, 기타 관련 내용들을 다루고 있음. 총 18조의 협정문과 원산지 증명서 발급기관과 원산지 증명서 양식에 대한 2개의 부속서를 포함하고 있음

  : 한·인도 양국은 원산지 증명서가 정부지정기관에서만 발급되는데, 우리나라는 관세청, 대한상공회의소에서, 인도는 인도수출검사위원회에서 원산지 증명서를 발급하도록 함(제4.1조, 부속서 4-가)

- 특혜관세대우를 받는 수출자 또는 생산자는 원칙적으로 수출 전에 신청하여야 하며, 이러한 과정을 거쳐 발급받은 원산지 증명서의 유효기간은 12개월로 수입자는 원칙적으로 이 기간 안에 수입 당사국의 관세당국에 특혜관세대우를 신청해야 함(제4.2~4.5조)
- 양국은 원산지 증명서의 내용과 수입절차에 필요한 제출 서류 사이에 사소한 차이가 있더라도 실제적으로 해당 상품과 일치한다면 원산지 증명서를 무효화할 수 없고(제4.7조), 수출자 및 생산자는 원산지 증명서의 신청서 및 원산지 관련 일체의 서류를 원산지 증명서의 발급일로부터 최소 5년간 보관해야 함(제4.10조)
- 수입국의 사후 검증요청, 추가적인 검증이 필요한 경우 예외적으로 검증방문이 가능하며(제4.6~4.16조) 협정 발효 5년 후에는 원산지 증명서 발급을 기업 자율발급 방식으로 변경하는 것을 검토하기로 함(제4.17조)

참고: www.fta.go.kr

참고문헌

금혜윤, 「주요국의 FTA 동향과 시사점」, KIEP 『지역경제포커스』, 6-33, 대외경제정책연구원, 2012.

기획재정부, 『FTA 이해』, 대학강의용 FTA 표준 교재, 기획재정부, 2012.

김도훈, 「세계무역의 지역주의 추세의 전망」, 『한국의 FTA 허브 전략』, *Global Affairs*, 세종연구원, 2012 여름호, pp. 147~158.

김상겸, 박인원, 박순찬, 임경수, 『APEC 경제통합과 원산지 규정: 경제적 효과와 APEC의 협력과제』, KIEP 연구보고서 11-16, 2011, pp. 30~58.

김석오, 「우리나라 FTA 원산지 검증 사례와 시사점」, 계간 『관세사』, 161호, 2011 여름, pp. 19~32.

김한성, 조미진, 정재완, 김민성, 『한국 FTA 원산지 규정의 특성 및 활용전략』, 대외경제정책연구원, 연구보고서 08-09, 2008, pp. 27~126.

김화년, 「FTA 허브 달성을 위한 추진 전략」, 『한국의 FTA 허브 전략』, *Global Affairs*, 세종연구원, 2012 여름호, pp. 9~21.

마창환, 『FTA 이해와 활용』, 동아일보 시사미디어, 2010.

명진호, 「주요국 FTA 추진 현황과 2013년 전망」, *IIT Trade Focus*(2013.2), 한국무역협회, 2013.

박덕영, 「한국 FTA 허브전략과 법적 측면」, 『한국의 FTA 허브 전략』, *Global Affairs*, 세종연구원, 2012 여름호, pp. 77~88.

손병해, 「비용편익분석을 통한 FTA 허브화 전략」, 『한국의 FTA 허브 전략』, *Global Affairs*, 세종연구원, 2012 여름호, pp. 121~133.

손병해, 『경제통합론 -이론과 실제-』, 법문사, 1988.

손병해, 『국제경제통합론』, 시그마프레스, 2011.

안충영, 「FTA와 동아시아 정치안보」, 『한국의 FTA 허브 전략』, *Global Affairs*,

세종연구원, 2012 여름호, pp. 135~145.

이명구, 「한·미 FTA 발효 대비 원산지 제도 및 원산지 검증사례 연구」, 계간 『관세사』, 160호, 2011 봄호, pp. 38~49.

이상목, 「한미 FTA 주요내용」, 계간 『관세사』 163호, 2012, pp. 31~43.

이홍식, 김혁황, 「FTA 체결이 FDI에 미치는 영향 분석」, 『한국의 FTA 허브 전략』, *Global Affairs*, 세종연구원, 2012 여름호, pp. 47~60.

임정빈, 「FTA와 농산물 시장 개방의 득과 실」, 『한국의 FTA 허브 전략』, *Global Affairs*, 세종연구원, 2012 여름호, pp. 35~46.

전의천, 최선곤, 김태균, 임성종, 하태선, 『FTA 이론과 실제』, 조선대학교출판부, 2012.

정재열, 「FTA 체제하에서 효율적 원산지 관리 방안」, 계간 『관세사』, 156호, 2010 봄호, pp. 13~19.

조미진, 김한성, 김민성, 양주영, 『동아시아 FTA를 대비한 한국 원산지 규정 추진 방안』, KIEP 연구보고서 10-04, 2010, pp. 49~76.

최용민, 「서비스무역의 경쟁력 제고 방안」, 『한국의 FTA 허브 전략』, *Global Affairs*, 세종연구원, 2012 여름호, pp. 105~119.

Baldwin R. E. and Elean Seghezza, “Are Trade Blocs Building of Stumbling Blocs?”, *Journal of Economic Integration,* 25(2), 2010, pp. 276~297.

Bhagwati J., “Regionalism and multilateralism: an overview”, in De Melo and Panagariya, *New Dimensions in Regional Integration*, Cambridge University Press, 1993.

De Melo and Panagariya, *New Dimensions in Regional Integratio*n, Cambridge University Press, 1993.

El-Agraa A.M., *The Theory and Measurement of International Economic Integration*, Macmillan, 1989.

Kawai M. and G. Wignarija, “The Asian Noodle Bowl: Is it serious for Business?”, ADB *Working Paper Series* No. 136, Asian Development Bank Institute, 2009.

Lucian Cernat, Bonapas Ougulo and Taisuke Ito, "RTA and WTO Compatibility: Catch me If you can? The case of EPA Negotiation", *Journal of Economic Intergration*, Vol. 23, No. 3, 2008, pp. 489~517.

Molle Willem, *The Economics of European Integration, Theory, Practice, Policy*, Dartmouth, Aldershot, 1994.

Robson P., *The Economics of International Integration*, George Allen and Unwin, London, 1998.

Trotingnon J., "Does Regional Integration Promote the Multilateralization of Trade Flows?", *Journal of Economic Integration*, 25(2), Sejong Institution, 2010.

http://www.fta.go.kr

http://www.wto.org

찾아보기